O LIVRO DO PAI

Escrito por um pai
(Paul Barker)

O LIVRO DO PAI

MATRIX

Publicado sob licença da Fourth Estate
Título original em inglês: *The Book of Dad*

Direitos em língua portuguesa para o Brasil:
Matrix Editora - Tel. (11) 3873-2062
atendimento@matrixeditora.com.br
www.matrixeditora.com.br

Diagramação: Renata Senna

Revisão: Rosemary C. Machado
Adriana Parra

Tradução: Daniela P. B. Dias

Dados Internacionais de Catalogação na Publicação (CIP)
SINDICATO NACIONAL DOS EDITORES DE LIVROS, RJ.

Barker, Paul, 1963-
O livro do pai : escrito por um pai / Paul Barker ; [tradução Daniela P. B. Dias]. - São Paulo : Matrix, 2009.
il.

Tradução de: The book of dad

1. Pai - Humor, sátira, etc. 2. Paternidade - Humor, sátira, etc. I. Título.

09-2241. CDD: 818
CDU: 821.111(73)-8

Para o Bill

Obrigado ao Ben e ao Jack por me confiarem o trabalho. Obrigado ao Ian Sansom por todo o entusiasmo e pelas dicas preciosas. Obrigado à turma do SFCF pelo estímulo. E obrigado também à minha família.

Os editores agradecem ao Matt e ao Nick da HarrimanSteel pela compreensão, paciência e talento imbatíveis. E deixam seu "muito obrigado" para o Tony, sem o qual este livro jamais teria ficado pronto.

SUMÁRIO

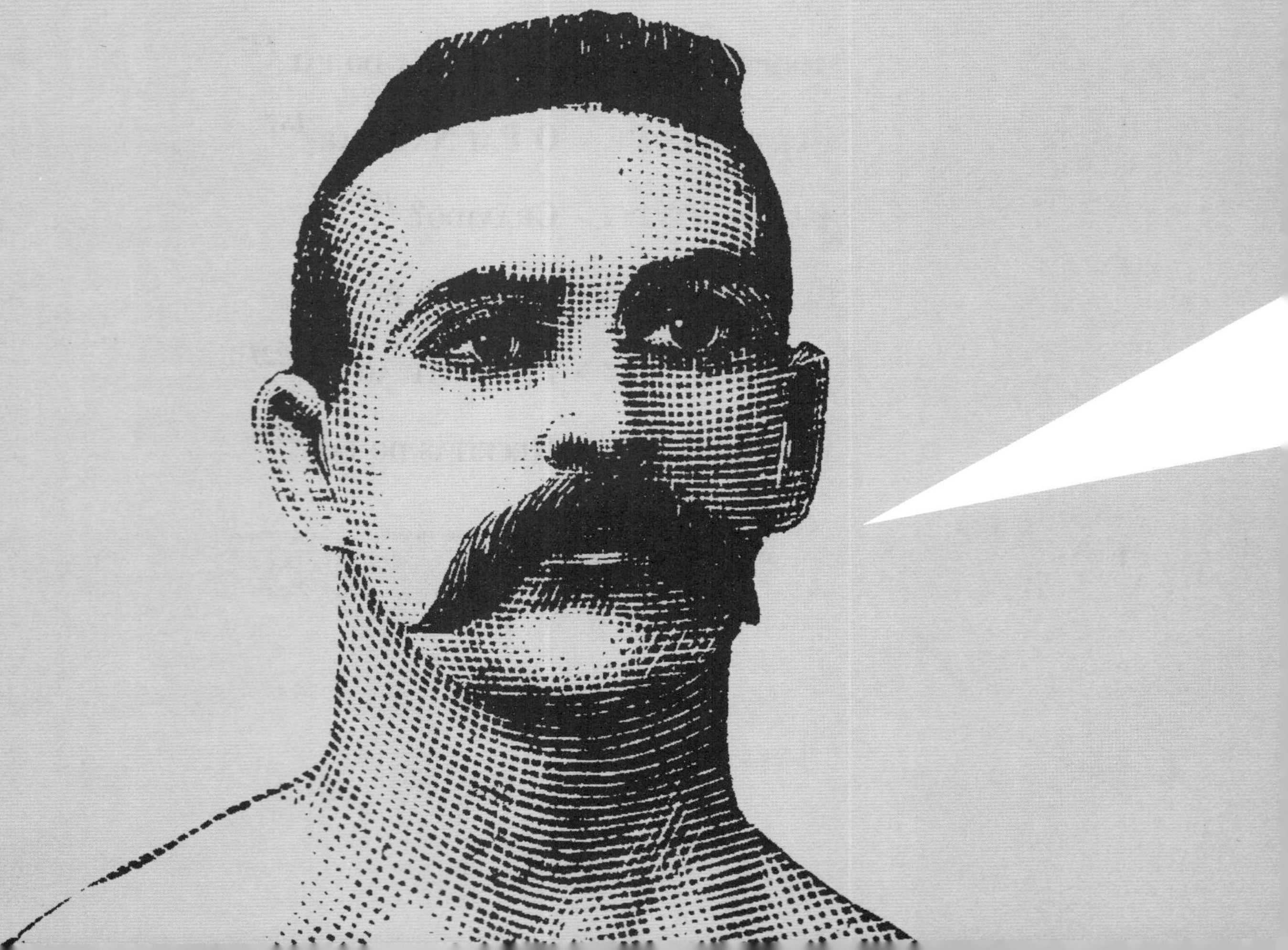

Antes de mais nada... Pai?

P-A-I. Repita comigo. Pai. O que quer dizer *pai*? Pai não é a mesma coisa que papai. Não mesmo. Nem paizinho, nem velho. Muito menos paizão. E, por favor, nem venha me falar em progenitor! Pai é outra coisa, algo completamente diferente. Pai. Veja como o termo tem certa solidez monossilábica, certa objetividade reconfortante. Pai é totalmente *de casa*, informal como aquela velha camisa de botão que ele vive usando. Pai é ao mesmo tempo único e universal, um amálgama fascinante de qualidades, vícios e fraquezas. Pai é drama e emoções fortes; é muita ação, comédia e romance; é uma novela com pitadas de *game show*. Toda a vida humana está resumida no pai. Pai é paisagem e também retrato. É história e cultura. É aquele sujeito que abre os braços para abarcar o mundo inteiro. É um rei com uma coroa invisível. É o centro, a gravidade, o lento giroscópio de onde emergem todas as coisas. Pai é tudo isso e muito mais. Basicamente.

Pode ser que você seja um pai; pode ser que não. Mas, seja você quem for – rico ou pobre, branco ou preto, poderoso ou humilde, homem, mulher ou criança –, certamente você deve saber o quanto o pai é uma figura essencial. E se lembrar de uma situação, um incidente ou algum momento da sua história que revele algo sobre a natureza, o papel e o propósito do pai. O pai é uma parte do grande ciclo da natureza: pais têm filhos; filhos têm pais. E assim por diante. Chegou a hora, portanto, de celebrar o pai.

PARTE UM

Conhecendo seu pai

Conhecendo seu pai

Pais são, obviamente, seres humanos. Isso quer dizer que existem inúmeros tipos possíveis de pais e várias maneiras de expressão da "paizice". Inúmeras ou não, o fato é que essas variações podem ser todas analisadas e classificadas e a maioria delas se encaixa em certos padrões reconhecíveis de comportamento. Portanto, se você está querendo descobrir exatamente que pai tem em casa; ou se é pai e quer saber exatamente quem é; ou, ainda, se é pai, já sabe exatamente quem é, mas anda pensando em reinventar seu jeito de ser, fique atento aos testes básicos de identificação apresentados a seguir.

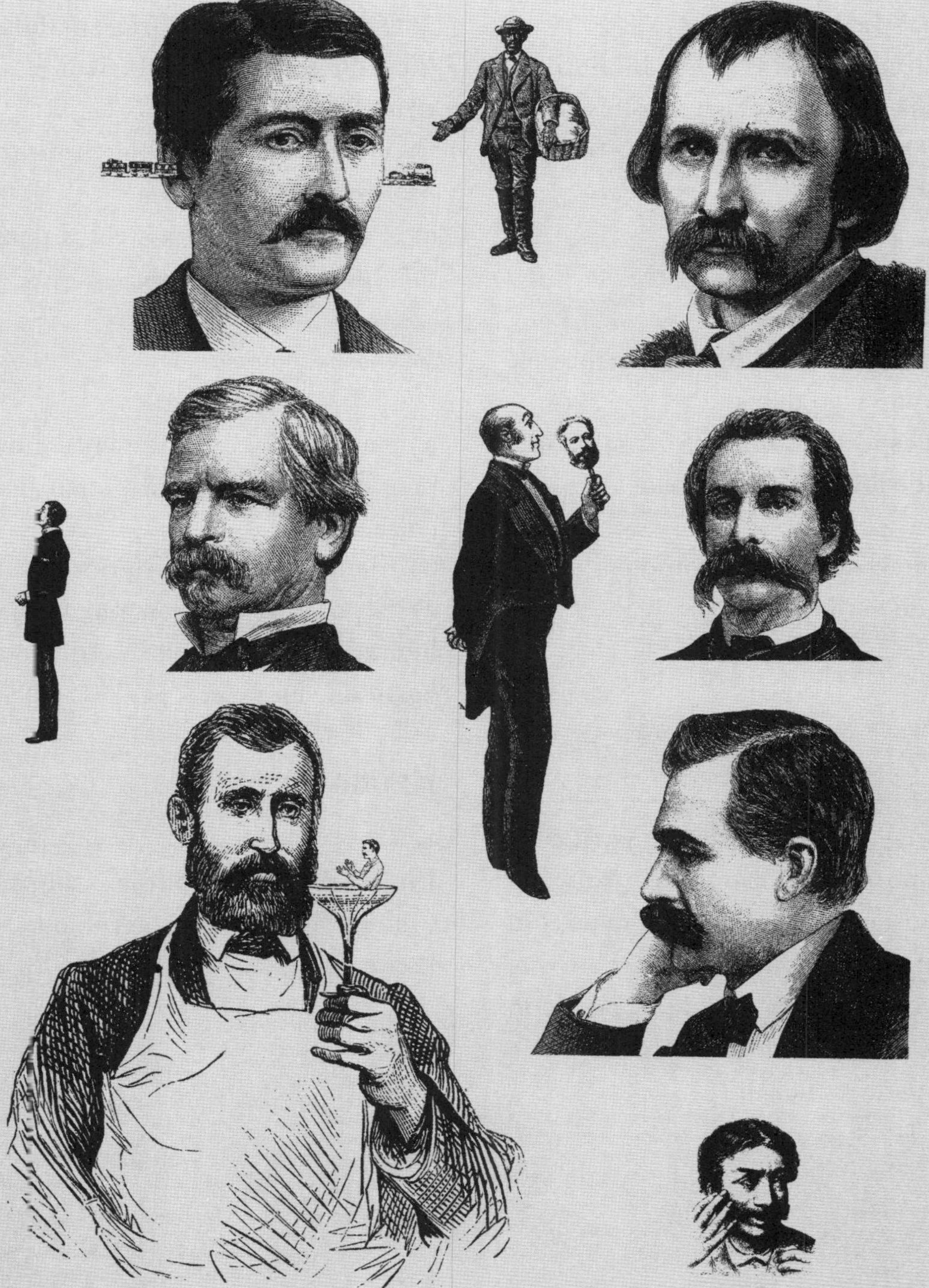

Seu pai é linha-dura?

Seu pai flagra você aos 12 anos tragando um Hollywood sem filtro no quartinho dos fundos. A reação dele é...
a) Alistar você na Marinha.
b) Proibir por um mês as suas idas à biblioteca.
c) Dizer, sem olhar nos seus olhos: "Hollywood é para os empregados. Você devia ter me consultado antes".

Se você respondeu:

a) Seu pai é bem linha-dura. Mas ao menos ele deixou você escapar vivo dessa.
b) Ele é um cara esperto. Com certeza sabia que você teria preferido levar uma surra e acabar logo com a história.
c) Esse sujeito que você conhece como pai talvez não seja seu pai de verdade.

Regra

O grau de "assustabilidade" pode variar de acordo com o tipo de pai. Enquanto uns são verdadeiros tiranos, outros se parecem mais com ursões de pelúcia: entregam dinheiro sempre que dão de cara com a sua mão estendida. E há ainda aqueles que não conseguem incutir na prole nenhum tipo de padrão moral.

Seu pai é *fashion*?

Os velhos foram convidados para a festa de arromba de um amigo que completou 40 anos. Seu pai decide usar...
a) O mesmo terno sóbrio e pesadão que ele vestiu quando teve de regularizar a situação do seu título eleitoral.
b) A camiseta dos Rolling Stones que ele comprou na turnê Vodoo Lounge.
c) A primeira camisa e calça passadas que a sua mãe põe na frente dele.

Se você respondeu:

a) Seu pai não é exatamente um sujeito *fashion*, mas ele também está pouco ligando pra essas coisas.
b) Idem à resposta anterior.
c) É possível que seu pai tenha até um estilo bem... *cool*. Nesse caso, tudo vai depender do gosto da sua mãe.

Regra

Em se tratando de pais e estilo, existe uma única e muito simples regra geral: pais não são *fashion*. Ponto final.

Seu pai é velho?

Você corre até ele com a bola de futebol que acabou de ganhar, implorando por um joguinho lá fora. O seu pai...

a) Já arrancou a pelota da sua mão, saiu driblando e chegou ao meio do quintal antes de você sequer ter tempo de amarrar as chuteiras.

b) Baixa o jornal, tira o cachimbo da boca e diz: "Melhor deixar para o fim de semana, filhão. Eu tive um dia daqueles no escritório; então, tudo o que eu quero agora é dar uma olhadinha no obituário, curtir meu fumo e o meu puro malte em paz. Você entende, não é?".

c) Não tem reação. Mas a enfermeira que está ao lado da cama dele leva o dedo até os lábios e balança a cabeça com ar de reprovação.

Se você respondeu:

a) Seu pai está inteiraço, em boa forma para curtir com você todas as atividades regulamentares ao ar livre.

b) Seu pai provavelmente já teve dias melhores, mas ainda encara uma pelada ocasional. Se você é o terceiro filho, tudo indica que deve ter nascido por descuido.

c) Pelo visto, você foi fruto de um descuido dos seus pais ou de uma pulada de cerca. De qualquer maneira, vá se conformando com a ideia de jogar sozinho.

Regra

Ao contrário das mães, pais não estão sujeitos a limitações impostas pelo relógio biológico. Existem casos famosos de pais octogenários com muito a oferecer ainda (em dinheiro, principalmente).

Seu pai é de esquerda?

O cabo eleitoral de um partido de extrema-direita aparece na porta da sua casa. Seu pai...

a) Dá um soco no nariz do sujeito.

b) Tenta dar um soco no nariz do sujeito, mas... erra.

c) Murmura um "Eu não acredito em Deus, obrigado", e bate a porta na cara do infeliz.

Se você respondeu:

a) Provavelmente seu pai é um cara mais violento do que politicamente engajado.

b) Provavelmente seu pai é um sujeito engajado, mas ruim de pontaria.

c) As possibilidades são muitas. Inclusive a de seu pai ser um sujeito altamente engajado, mas frequentemente bêbado.

Regra

É cada vez mais raro encontrar pais de esquerda. Hoje em dia, o mais comum é ter um pai anticapitalista de maneira abrangente. Se você tem um exemplar genuíno em casa, cuide dele com todo o carinho – certamente é artigo de colecionador.

Ken

O lobo grisalho. Ken tem cheiro de sofá de couro sintético novinho em folha. A camada abundante de cabelos no peito esconde um intelecto aguçado e uma capacidade associativa acima da média. É perfeito para completar as palavras cruzadas do jornal de domingo. Absurdamente míope, Ken usa óculos de lentes tão grossas que encarariam numa boa a reentrada na atmosfera após uma viagem pelo espaço.

Seu pai é criança?

No documentário sobre vida selvagem que está passando na TV, o narrador comenta alguma coisa sobre "um par de belas tetas". Seu pai...
a) Dá uma risada que faz a sopa esguichar pelo nariz.
b) Avalia: "Olhando deste ângulo, a da esquerda parece bem maior".
c) Diz: "Sei".

Se você respondeu:

a) Seu pai é *criançāo* mesmo, mas nada fora da média.
b) Seu pai é obviamente muito sugestionável e pode se tornar perigoso.
c) Você é o feliz proprietário de um pai do tipo ambíguo. Pais ambíguos podem ser muito divertidos.

Regra

De forma geral, lidar com um pai do tipo criança tende a ser irritante. Mas a maior parte dos pais entende que agir feito criança é sinal de imaturidade e que não é isso que os filhos desejam deles.

Seu pai é pontual?

Seu pai tem uma reunião importante às 9 horas da manhã. Ele...
a) Sai de casa uma hora mais cedo, para o caso de haver algum atraso no metrô.
b) Participa da reunião a caminho, via telefone celular, direto do estacionamento da lanchonete.
c) Prepara uma apresentação que pode ser baixada de um endereço exclusivo na internet e fica disponível para responder a perguntas pela *webcam* em modo videoconferência.

Se você respondeu:

a) Seu pai é um sujeito pontual, que leva suas responsabilidades a sério.
b) Seu pai pode ser cheio de boas intenções, mas lhe falta senso de estratégia.
c) Seu pai não precisa de pontualidade porque já vive no futuro.

Regra

Um pai pontual é um bom pai – principalmente quando você sai exausto do treino de futebol, da sua ida ao cinema, do baile da escola ou daquela noite regada a uísque na boate.

O QUE O SEU PAI NÃO DEIXA NUNCA DE TER À MÃO?

Na volta do feriado, o carro quebra à noite em um trecho deserto da estrada. Sempre precavido, seu pai imediatamente saca o seu...

a) Kit de ferramentas. Ele passa alguns minutos mexendo embaixo do capô antes de voltar para o banco do motorista, conseguir ligar o motor de primeira e murmurar entre dentes consigo mesmo um "Era o que eu pensava".

b) Manual de Sobrevivência Militar. Ele manda todo mundo sair do veículo e começa imediatamente a procurar um "terreno alto e abrigado".

c) Violão. Para brindar a família com uma interpretação emocionada de *Werewolves of London*.

Se você respondeu:

a) Seu pai é um cara incrível. Talvez ele passe tempo demais enfurnado na garagem de casa, mas certamente é um pai bastante útil nos momentos de crise.

b) Seu pai provavelmente é bom para lidar com situações difíceis, mas tende a ser um tanto exagerado nas suas reações. Nesse caso, uma mãe persistente e cabeça fria pode ser um complemento interessante.

c) Seu pai é ótima companhia, mas talvez não seja capaz de garantir que você sobreviva a uma situação de risco.

REGRA

A maioria dos pais gosta de carregar um objeto inseparável, seja uma caneta ou um exemplar surrado de sua antologia poética preferida. Isso os ajuda a se sentirem prontos para entrar em ação a qualquer momento.

SEU PAI É *CABEÇA*?

A família está passando o dia na praia quando de repente é abordada por um maluco que diz ao seu pai que ele não passa de um produto da ideologia dominante. A resposta dele é...

a) "Defina produto, defina dominante e defina ideologia."

b) "Eu já sou membro honorário, muito obrigado."

c) "Er..."

Se você respondeu:

a) Seu pai provavelmente é um sujeito bastante *cabeça*. Ou ao menos ele gosta de ter sempre todos os referenciais bem definidos quando conversa com alguém.

b) Ou seu pai detesta ser abordado na rua, ou ele está confirmando, de um jeito bem irônico, a acusação do maluco.

c) Seu pai provavelmente não está familiarizado com a dinâmica do debate intelectual. Mas isso não quer dizer que ele não possa ser um bom sujeito.

REGRA

Ter um pai *cabeça* é uma coisa boa. Certamente um sujeito assim vai se mostrar mais compreensivo ante uma eventual dificuldade que seus filhos possam ter, em vez de sair gritando e distribuindo sopapos na prole. Outra boa maneira de testar se seu pai é mesmo *cabeça* é ficar perguntando "por quê?" depois de cada coisa que ele disser e esperar para ver quanto tempo o velho demora para perder as estribeiras.

COMO SEU PAI CHAMA VOCÊ?

PARTE 1

Seu pai está voltando para casa depois de uma longa viagem de negócios. Você está brincando na rua e o vê assim que ele dobra a esquina, trazendo a valise na mão. Você corre na direção dele, que dá um sorriso radiante, abre os braços e exclama...

a) "Oi, campeão! Que saudade!"
b) "E aí, macaquinho?"
c) "Oi... você!"

Se você respondeu:

a) Seu pai é o próprio Gregory Peck em *O sol é para todos*. Isso é uma coisa rara. E muito boa também, já que o Gregory Peck faz o papel de um pai herói nessa adaptação para as telas de um livro que tem um pai herói como personagem central.
b) Seu pai vê você como uma espécie de bicho de estimação. E mais cedo ou mais tarde essa noção vai precisar ser corrigida.
c) Seu pai provavelmente não se lembra do seu nome. Se você tem um monte de irmãos, isso não será uma grande novidade. Se é filho único e seu pai vive saindo para essas viagens de negócios muito demoradas, é possível que ele seja bígamo ou que esteja levando uma vida dupla de algum tipo.

PARTE 2

O boletim escolar veio excepcionalmente lamentável neste bimestre, e seu pai decide chamar você ao escritório para lhe passar um sermão. Ele diz:

a) O seu nome completo. Algo como: João Carlos de Oliveira Amaral dos Santos. Ou: Maria Emília Bastos de Andrade Pinto.
b) Simplesmente (dependendo do gênero) "Mocinho" ou "Mocinha".
c) "Ô você, da nota vermelha!"

Se você respondeu:
a) Seu pai é um cara legal. Ele só está querendo fazer você pensar em si mesmo como uma pessoa completa, como alguém que deveria se dar ao respeito e se esforçar para se mostrar à altura do seu verdadeiro potencial intelectual.
b) O seu pai quer o que todo pai quer, só que não consegue se lembrar do seu nome de jeito nenhum.
c) Seu pai tem um jeito meio ríspido de lidar com a questão do seu desempenho escolar. É *até* possível fazer alguém alcançar o sucesso com intimidação e reprimendas violentas, mas essa abordagem está meio fora de moda hoje em dia.

REGRA

Às vezes, a forma como o pai chama o filho diz mais sobre ele mesmo do que qualquer outra coisa. Não hesite em tocar no assunto se por acaso o apelido escolhido não deixar você à vontade. Um pai pode não se dar conta de que nem todas as crianças engolem numa boa uma alcunha como... "cabeça-oca".

Seu pai tem estabilidade financeira?

Seu pai vai até o seu quarto para uma "conversa sobre dinheiro". Ele diz...
a) "Agora que você completou 12 anos, já está na hora de conversarmos sobre a empresa e a sua herança."
b) "Agora que você completou 12 anos, já está na hora de poder emprestar um trocado para o seu velho; eu preciso repor meu estoque de cigarros. E estou com um palpite certeiro para a corrida de hoje à tarde."
c) "Agora que você completou 12 anos, eu já posso lhe dar estes 3 centavos para a poupança do seu casamento."

Se você respondeu:

a) Seu pai provavelmente é cheio da grana. Isso é uma coisa boa, considerando que pior seria não ter um centavo, mas (como quem é pobre gosta de alardear cheio de despeito aos quatro ventos) não é o dinheiro que vai garantir a felicidade de um pai.
b) Seu pai é financeiramente vulnerável. Infelizmente, esse tipo de pai muitas vezes demanda dinheiro vivo além do carinho da prole, e eles costumam dar preferência a filhos ricos e bem-sucedidos.
c) Pode ser que a sua família viva em um romance de Charles Dickens. Nesse caso, seu pai deve ser basicamente um sujeito de bom coração que caiu vítima de um mundo frio e cruel.

Regra

Verdade seja dita: na visão de qualquer criança, o pai está lá para comprar as coisas que ela quer. Assim, quanto mais rico o seu pai for, melhores serão as coisas que você vai conseguir. Nem sempre o esquema funciona desse jeito tão simples, mas digamos que, estatisticamente, as chances são bastante boas.

Seu pai é realista?

Você é uma criança pequena que, quando chega o fim do ano, começa a questionar o seu pai sobre a existência de Papai Noel. A reação dele é...
a) "É claro que Papai Noel existe! E, se você se comportar, eu tenho certeza de que ele vai lhe trazer todos os presentes que pediu."
b) "Papai Noel é uma lenda. E se você está pensando em me perguntar sobre Deus, fique sabendo que a resposta é igual. Mais alguma dúvida?"
c) "Sai da frente que eu quero ver o resultado da corrida."

Se você respondeu:

a) Seu pai é um sujeito que gosta de sonhos e fantasias. Esse tipo de pai tende a não ser muito realista, mas costuma se mostrar mão-aberta.
b) Seu pai não tem meias palavras. Às vezes, ele pode parecer ríspido e frio demais. Os filhos de pais assim costumam oscilar entre extremos – ou viram industriais poderosos ou viciados em drogas.
c) Seu pai também gosta de sonhos e fantasias, só que infelizmente as fantasias dele envolvem o mundo das finanças. Pode ser que ele seja mão-aberta da mesma forma, mas isso não dura para sempre.

Regra

Como acontece com a maior parte das qualidades do pai, o ideal é o meio-termo. Você vai querer um pai capaz de entender os seus sonhos de consumo, mesmo que sejam aqueles bem idiotas.

Seu pai é patriota?

Seu pai reuniu os colegas do trabalho para ver um jogo da seleção. Quando os jogadores se perfilam e a banda toca os primeiros acordes do Hino Nacional, ele...
a) Levanta da cadeira e se pega com uma lágrima furtiva no canto do olho.
b) Aproveita para folhear a seção sobre a África da revista *The Economist*.
c) Passa os olhos pela fileira de jogadores e sacode a cabeça com ar de tristeza.

Se você respondeu:

a) Seu pai é do tipo patriota passivo, o mais comum. Ele até se emociona com a nação de vez em quando, mas isso não é frequente.
b) Seu pai está mais preocupado com as flutuações do mercado financeiro do que com qualquer país em especial. Esse tipo de pai costuma ser rico, o que é uma coisa boa, mas não espere que um sujeito assim vá deixar você ganhar dele em qualquer tipo de jogo ou disputa.
c) Seu pai está pensando em emigrar.

Regra

Dizem que o patriotismo é o último refúgio dos patifes. Pais podem muito bem ser patifes; então, não se surpreenda se o seu velho for um agitador de bandeira enrustido.

Seu pai é mão-aberta?

Você está fazendo 11 anos. Ao entregar o presente, seu pai diz...
a) "Eu sei o quanto você gosta de uísque; então achei que já estava na hora de você ter as próprias garrafas de puro malte. Para receber os amigos, você sabe..."
b) "Agora estamos quites."
c) "O mordomo pessoal é só um agrado, é claro. O presente de verdade está no cartão – eu anotei nele a lista dos acréscimos que fiz na sua carteira de ações."

Se você respondeu:

a) Seu pai é mão-aberta mesmo. Puro malte! Imagino qual vai ser o seu presente de 18 anos...
b) Essa requer um momento de reflexão. O que será que ele quis dizer? Certamente não parece a fala de um sujeito mão-aberta.
c) Seu pai parece ser mão-aberta até demais! Mas, com a vida luxuosa que, pelo visto, você já leva, isso não faz muita diferença.

Regra

Ter um pai mão-aberta talvez possa parecer uma coisa boa. E é.

Onde foi que tudo começou?

A lembrança mais antiga que você guarda do seu pai é...
a) Ele deitado na praia com um exemplar do *Notícias Populares* aberto na cara e um barulho estranho saindo de baixo das páginas do jornal.
b) Ele jogando futebol na TV.
c) Ele chegando em casa depois de meses de sumiço, e sua mãe chorando e repetindo várias vezes: "Você está vivo!".

Se você respondeu:

a) Seu pai é um cara comum. O estranho nessa história é que *você* hoje só leia o *The Observer*.
b) Tudo é possível – o sujeito hoje pode ser dono de um bar no interior, ou então treinador de cavalos premiados no Jóquei.
c) Pelo visto, você vai ser obrigado a viver sempre à sombra de algo muito maior.

Regra

A lembrança mais antiga que você guarda do seu pai provavelmente não tem tanta importância assim. Se for uma coisa boa, pensar nela de tempos em tempos poderá ajudar a reforçar os laços familiares. Se não for tão boa, procure esquecer. Você deve ter pego seu pai num dia em que ele acordou com o pé esquerdo; só isso.

PARTE DOIS

O GUIA PRÁTICO DO OBSERVADOR

O GUIA PRÁTICO DO OBSERVADOR

Ande por qualquer rua, avenida, alameda, praça ou beco, e você terá boas chances de topar com um. Faça compras em uma loja ou ligue para o atendimento ao consumidor para reclamar de um serviço, e talvez você fale com um. Derrame sem querer o seu chope no meio do bar, e você provavelmente arrumará briga com um. Mas se quiser fazer melhor, pegue logo o binóculo, um bloco de papel e lápis e transforme-se oficialmente em um observador dessa espécie tão intrigante. O pai.

Como aqueles tentilhões das Ilhas Galápagos, pais são capazes de se adaptar a qualquer tipo de condição ambiental. E observar e classificar essa imensa gama de adaptações pode se transformar em passatempo ou *hobby* fascinantes. Pode ser que você acabe até descobrindo algum espécime no seu círculo de conhecidos. Ou que, veja só, você mesmo seja um deles.

Mistérios da "pailogia"

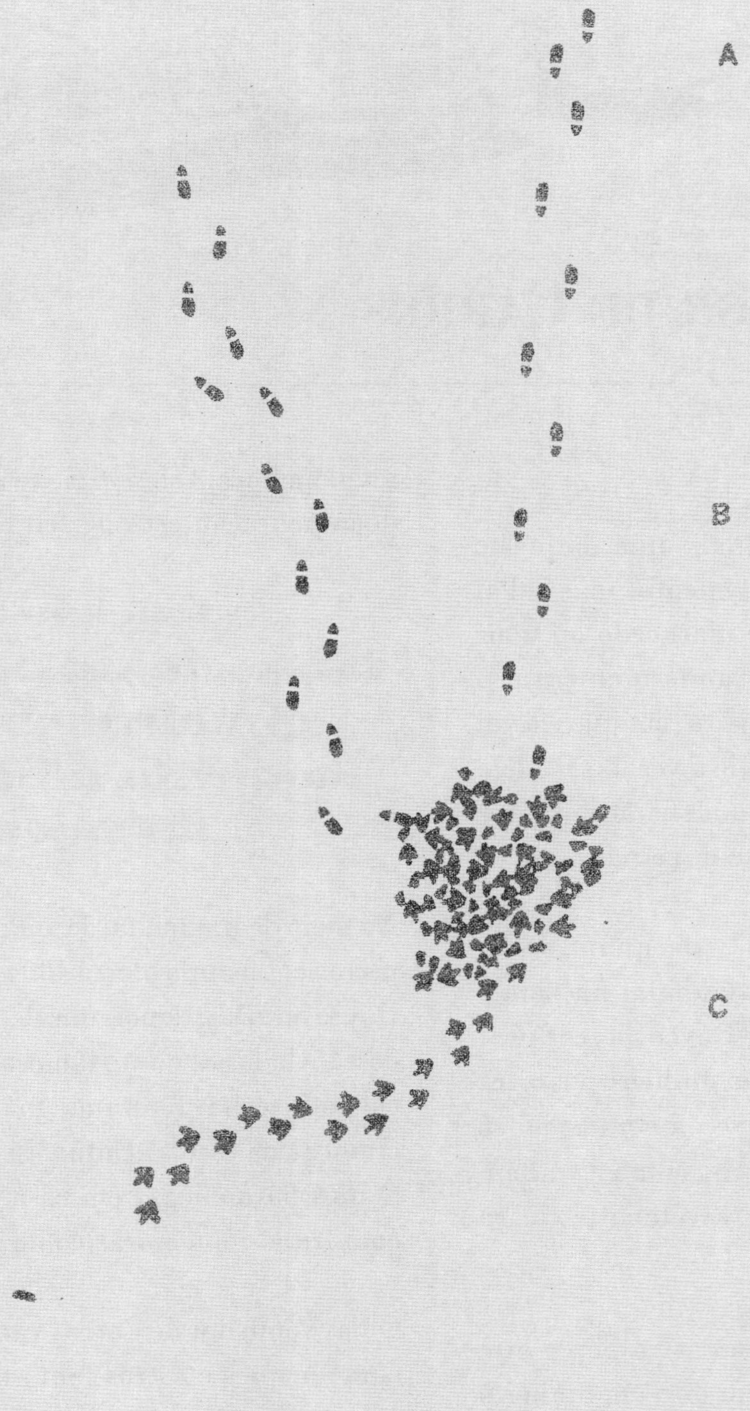

O Pai Vendedor de Carros

O dia ideal

Tudo indica que vai ser só mais uma daquelas segundas-feiras fracas de movimento, mas o Pai Vendedor de Carros sabe que mais cedo ou mais tarde **ele** vai acontecer: o grande momento, o momento único na vida do sujeito, em que ele vai olhar para a entrada do estande e ver um modelo daqueles que nunca aparecem num feirão de carros usados adentrando justamente o seu pátio.

Um astro pop descabelado – de quem o Pai Vendedor de Carros nunca ouviu falar na vida – chega para vender o seu Rolls-Royce Silver Spirit 1990 azul-oceano na lata, por dinheiro vivo. E, no mesmo instante, esse pai se dá conta não só de que pode comprar o carro, como também conhece uma pessoa que provavelmente ficará muito interessada nele.

Ele oferece sete paus e meio ao astro pop e este insinua que se contentaria com oito em dinheiro vivo, na hora. O *test drive* se mostra impecável e a documentação está perfeita.

...mais cedo ou mais tarde ele vai acontecer: o grande momento, o momento único na vida do sujeito...

No meio da mesma tarde, o Pai Vendedor de Carros já conseguiu uma oferta 400 vezes maior pelo Rolls Royce no eBay, depois que descobriu que o tal astro descabelado era muito famoso mesmo. E, portanto, ele pode fechar o estande mais cedo e ir buscar as crianças na escola. Então escolhe o caminho mais bonito para chegar em casa e saboreia um peixe com fritas comemorativo no jantar em família.

O Pai Vendedor de Carros vai para a cama e sonha com cheques e astros famosos.

O DIA REAL

Na verdade, o que acontece é que o Pai Vendedor de Carros passa a manhã inteira no estande deserto, tirando o pó da mesa e varrendo o chão para passar o tempo.

Lá pela hora do almoço, entram dois clientes em potencial. Um só balança a cabeça e chuta de leve os pneus dos carros por onde passa no pátio. O outro fala demais e logo deixa claro que é só isso mesmo o que foi fazer ali – falar.

Quando as crianças chegam da escola, o Pai Vendedor de Carros tem a ideia idiota de entregar umas chaves na mão dos moleques para que eles possam entrar nos carros e fingir que estão dirigindo. Ele se dá conta do quão idiota é a sua ideia quando ergue os olhos da mesa e se depara com um Ford Mondeo 1998 pulando feito um canguru bêbado na frente do estande – e não pode fazer nada além de assistir a esse mesmo Ford acabar com a traseira de um Polo 2001 automático pouco rodado.

NÃO, ELE NÃO TEM *AIRBAG*, MAS VOCÊ JÁ VIU OS CINTOS DE SEGURANÇA ULTRARREFORÇADOS?

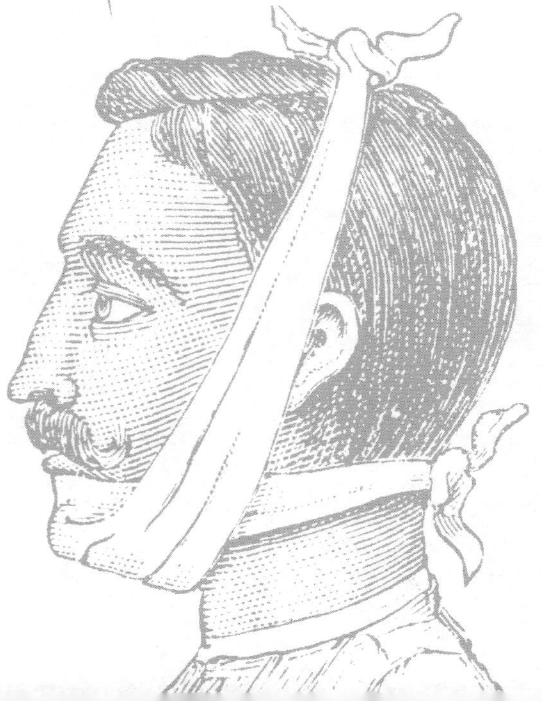

Frases típicas
Você nasceu para guiar este carro!
VENDIDO
DAD 02
É armadilha, parceiro!
DAD 1
CUIDADO COM O SORVETE, MENINOS. ESTE BANCO NÃO PODE MANCHAR.
VAMOS FALAR DE FINANÇAS?
DAD 03

As crianças são mandadas para casa e o resto da tarde é gasto na oficina desamassando os carros e arrumando os estragos na pintura.

O Pai Vendedor de Carros tinha reservado um tempo depois do banho e do jantar para organizar a papelada que levara do estande, mas acaba forçado a passar a noite estirado no sofá assistindo à TV com a patroa, depois de machucar o tornozelo, o queixo, um joelho, um cotovelo e o ombro ao tropeçar no brinquedo do filho do meio (e destruí-lo completamente) – uma miniatura perfeita de Rolls-Royce Silver Spirit 1956.

Vestuário

Terno é tudo. Você não pode ser vendedor sem um armário cheio de ternos. O terno é sinal de confiança e organização, sucesso e sonhos realizados. Você não vai poder vender sonhos se não estiver usando terno.

Transporte

O Pai Vendedor de Carros pode escolher à vontade. Nunca lhe faltam opções – desde que estejamos falando de carros, é claro. Esse pai não vai querer saber de ir a lugar algum de metrô ou bicicleta, e nem mesmo de táxi. Ele tem que estar ao volante.

Petiscos preferidos

Aqueles doces que vêm em latas redondas com açúcar polvilhado por cima. Para comer no estande, copos de macarrão instantâneo.

Expectativa de vida

É uma vida estressante, em que há muito em jogo o tempo todo. E essas coisas desgastam o sujeito. Mas você também não precisa dar mole para o azar. Se estiver sentindo que os freios já tiveram dias melhores, não custa mandar revisar antes de pegar o carango emprestado para aquela saída especial com a patroa.

O Pai Jornalista

O dia ideal

Tomar um café da manhã sem pressa enquanto passa os olhos pelos principais jornais do país e pelas maiores revistas semanais é a forma ideal de começar o dia para o Pai Jornalista.

Depois de se inteirar do que está acontecendo no mundo, chega o carro para levá-lo até o centro da cidade. Do banco traseiro, ele telefona para confirmar a agenda do dia, alguns compromissos e entrevistas, e tem até tempo de tirar uma soneca rápida.

Depois de um almoço leve em companhia de um produtor de cinema cheio da grana no restaurante mais badalado do momento, o Pai Jornalista pega um táxi para a próxima missão do dia. Com a cabeça erguida e o peito inchado de confiança, ele se identifica no balcão do hotel: "Estou aqui para entrevistar o mais glamouroso dos casais glamourosos de Hollywood para a... *Vanity Fair*". O casal glamouroso irradia um profissionalismo elegante, e tudo o que o Pai Jornalista precisa fazer é admirar a beleza dos dois e checar se o gravador está funcionando direito.

A dupla de astros autografa com prazer um pôster para as crianças.

Depois de se inteirar do que está acontecendo no mundo, chega o carro para levá-lo até o centro da cidade

No fim do dia, ele passa num barzinho para tomar umas doses de gim-tônica e bater papo com um grupo de colegas *freelancers*, pega no sono no carro a caminho de casa e surge na porta bem a tempo de dar um beijo de boa-noite nos menores, comer seu jantar e adormecer de novo na sua poltrona favorita. Fim da matéria.

O DIA REAL

Na manhã ventosa de começo de inverno, enquanto faz anotações para a cobertura de uma partida totalmente sem importância do Campeonato Regional da Segunda Divisão, o Pai Jornalista quase se sente tentado a questionar a própria vocação.

A sensação só piora depois que o chutão do zagueiro conhecido pelo apelido de Touro Bravo manda a bola para fora e direto na canela do valente repórter, nesse caso descrito como "o torcedor anônimo desavisado". No almoço, com um lápis úmido num bloco úmido, ele passa a limpo a matéria sobre o jogo, enquanto come um sanduíche igualmente úmido e toma cerveja quente no bar mais próximo.

À tarde, o Pai Jornalista vai entrevistar o casal de prestígio da região. Os Stotts vêm a ser os donos do abatedouro de suínos que criou 150 empregos na cidade e, portanto, devem ter o perfil recheado com todos os adjetivos elogiosos disponíveis. O casal é uma dupla de chatos ignorantes, e só se Shakespeare em pessoa escrevesse a matéria conseguiria dar a ela um vago ar de interesse humano. Mas, já que nenhum dos Stotts o xingou, o Pai Jornalista decide descrevê-los como "encantadores e cultos".

À noite, enquanto ajuda as crianças com o dever de casa, o Pai Jornalista se dá conta de que os seus três filhos – inclusive o caçula, que fala tudo errado – sabem soletrar melhor do que ele.

FRASES TÍPICAS:

TOTALMENTE EM *OFF*.

ESSA DECLARAÇÃO É EXCLUSIVA?

A MANCHETE HOJE É MINHA, GALERA!

É O QUE A SUA CALIGRAFIA REVELA.

ENCANTADORES E CULTOS.

Vestuário

Se você é o tal, tão famoso quanto os famosos que costuma entrevistar, precisa ter um estilo à altura. Camisa branca o tempo todo é coisa de repórter da geral. Modelos de seda em tons pastéis acompanhados por gravatas "diferentonas" vão garantir aquela coluna assinada que você tanto almeja – além de passe livre para as melhores festas.

Se você não é o tal, qualquer terno velho já serve. Só tome cuidado para que ele seja de uma cor escura, porque subir em árvores para flagrar o melhor ângulo e se ajoelhar atrás da caixa de correio tentando passar despercebido acabam sujando a roupa.

Transporte

O Pai Jornalista sempre tem um carro usado. Normalmente é um Volks ou um Saab. Uma escolha mais excêntrica também pode ser interessante – algo como um Fiat 147, por exemplo – para o caso de você dar aquele furo de reportagem genial e alguém resolver fazer um documentário da sua vida.

Petiscos preferidos

Baconzitos e cigarros. Cigarro conta como petisco – não conta?

Expectativa de vida

Há Pai Jornalista e... Pai Jornalista. Um pode estar incumbido de monitorar o nível alcoólico de um figurão da mídia nas festas da alta sociedade (e, nesse caso, arriscado a levar um soco no nariz), enquanto outro talvez esteja trabalhando em uma matéria sobre os anais do crime organizado em alguma metrópole (o que o deixa sujeito a aparecer com um buraco na testa debaixo de algum viaduto).

O primeiro tipo corre mais perigo, é claro, mas os incidentes que ele enfrenta não costumam ser fatais.

Pai Delegado

O dia ideal

O começo ideal de um dia para o Pai Delegado é ser acordado por um telefonema às 4 horas da matina. Esse Pai gosta de sair correndo, com certeza.

...vai ser um dia e tanto na central

As ruas estão vazias a essa hora do dia, e o Pai Delegado, à paisana, chega à cena do crime rapidamente a bordo do seu possante. Vários PMs estão à espera para fazer o BO na DP. Eles acharam um corpo, uma arma, uma pegada e rastros de pneu – vai ser um dia e tanto na central. A pegada e os rastros apontam para um malfeitor conhecido na área, mas o DNA colhido da arma é de outra pessoa.

O Pai Delegado precisa dar uns socos na mesa. Se ele não tiver dito "Engaiolem o meliante. Eu sei de coisas que vocês não sabem e quero ver esse cara pegar 20 anos desta vez" até a hora sagrada do *happy hour*, com certeza alguém vai se dar muito mal.

O Pai Delegado afrouxa a gravata, resolve seguir seu palpite e, depois de uma rápida perseguição de carro, prende os dois suspeitos. Com um pouco de sarcasmo em altos brados e alguns avanços do corpanzil projetado para a frente sobre o tampo da escrivaninha, os elementos não demoram a abrir o bico.

Mais tarde, quando vai embora do bar para casa, o Pai Delegado dá de cara com a Mãe Delegada autuando uma das crianças por ter rabiscado a parede. Embora esteja bêbado demais para se envolver, ele grita um "Pode fichá-los, Danno!" só por diversão, antes de desabar na cama e apagar de roupa e tudo.

O DIA REAL

O Pai Delegado gasta boa parte da manhã passando anotações a limpo, organizando provas e depoimentos de testemunhas.

À tarde, ele tem que dar uma passada no Fórum. Tudo o que há para ser feito lá é, basicamente, tomar um café turvo de máquina e esperar enquanto o caso se arrasta e o juiz interrompe a todo instante. Quando finalmente é chamado a depor, o Pai Delegado descobre que a caneta estourou no bolso da camisa e ele está com uma mancha enorme de tinta verde no peito.

O advogado de defesa se esmera em insinuar que todas as declarações do Pai Delegado são mentiras deslavadas. Em geral, essa é uma estratégia das mais fracas, mas hoje, por algum motivo, dá certo. O caso é arquivado.

Chegando em casa, depois de afrouxar a gravata, ele equilibra o jantar numa bandeja enquanto assiste a *CSI* na TV. Quando se dá conta de que o seu suprimento de cigarros e cerveja está zerado, o Pai Delegado se deixa levar pelo desespero e tenta roubar o que acha no quarto do filho mais velho. Nesse momento, uma luz se acende e ele é pego no flagra pela Mãe Delegada, que decide aproveitar o ensejo e chamá-lo para uma conversa séria sobre esse seu problema com o álcool.

FRASES TÍPICAS:

AS ANOTAÇÕES FORAM FEITAS NO MOMENTO DO FLAGRANTE.

ALGEMEM O ELEMENTO!

EU ESTAVA SEGUINDO NA DIREÇÃO NORTE, QUANDO...

EU JÁ DISSE QUE CONTORNAR A SILHUETA DO GATO COM GIZ ENQUANTO ELE DORME NÃO É LEGAL.

VAMOS OUVIR A SUA VERSÃO DO CASO.

Vestuário

Basicamente, a ideia é conseguir trabalhar à paisana. Esse é o único jeito de ficar bem na foto da Corporação. Basta parar para pensar: quem é mais bacana, o Guarda Belo ou Frank Serpico? E não se esqueça, claro, de ter um terno decente para quando precisar comparecer ao tribunal.

Transporte

Para trabalhar, um Opalão vermelho sujo, tunado, dá pro gasto. Para as saídas em família, uma peruona Opala vermelha suja, tunada, dá conta do recado.

Petiscos preferidos

Café com pão doce seguido por um chiclete Nicorette e uma lata de Red Bull. Uma combinação imbatível.

Expectativa de vida

Esse é um pai que se arrisca de verdade. Para consertar o mundo, ele vive pondo o seu na reta. Se chegar até a aposentadoria, o Pai Delegado terá chances de embolsar uma bela pensão – mas conseguir se aposentar não é uma coisa fácil para esse pai.

O último dia de trabalho muitas vezes acaba sendo o mais arriscado da carreira, e pode ser até que ele leve um tiro justo na reta final. O melhor mesmo é tentar galgar degraus na hierarquia da Corporação antes disso. Comandantes de polícia tendem a levar vidas bem mais longas.

Pai Radical

O dia ideal

O melhor jeito de começar o dia perigosamente é ter passado a noite no alto de uma árvore, numa rede pendurada a 10 metros do chão, com a família toda pendurada em redes à sua volta.

E essa situação acontece porque o Pai Radical se embrenhou com a família na selva venezuelana junto com uma expedição para encontrar *La Mine de Satan*, ou o Fosso do Diabo. A família está com um grupo maior e pretende se atirar de paraquedas do alto do precipício assim que achar o local.

Chegar até a beira do penhasco e olhar a floresta lá embaixo com a sua filha de 4 anos amarrada ao peito é uma experiência inesquecível. O salto é maravilhoso – um mergulho direto na escuridão que, depois que o paraquedas se abre, se transforma em voo suave para dentro de uma magnífica caverna cheia de vida, onde ecoam os gritos dos pássaros e se avistam enormes morcegos frugívoros descansando pendurados no teto.

A Mãe Radical salta logo em seguida, acompanhada do filho mais velho.

As sete horas de caminhada na volta para o acampamento valem a pena. E são um jeito ótimo de dar vazão à energia das crianças

As sete horas de caminhada na volta para o acampamento valem a pena. E são um jeito ótimo de dar vazão à energia das crianças. Depois do tatu assado e de algumas canções em volta da fogueira, a família está pronta para se recolher às suas redes suspensas.

O dia real

Já que é domingo, e a Mãe Radical quer a tropa toda fora de casa para conseguir consertar a tirolesa pendurada entre o quarto do casal e a edícula, o Pai Radical leva as crianças até a pracinha.

Os mais novos adoram o trepa-trepa, e já vão correndo na frente para escalá-lo até o topo como verdadeiros cabritos monteses. O Pai Radical tem planos de dominar o quadrante mais alto do brinquedo – que ele apelidou de Pico do Velho – e lançar de lá uma corda que dê acesso direto ao escorregador sem precisar descer até o chão nem pegar o conhecido atalho do gira-gira. Essa é uma façanha que jamais foi conseguida na história da pracinha do bairro – e certamente não será hoje.

Enquanto faz um esforço para lembrar o que a Mãe Radical pediu que ele levasse de almoço na volta para casa, o Pai Radical tropeça no meio-fio, rala os joelhos, o queixo, os cotovelos e as orelhas e ainda torce o tornozelo. No estado em que se encontra, conseguir caminhar já é façanha suficiente.

O Pai Radical passa o resto do dia no sofá assistindo à reprise de *Risco total* na TV, enquanto a molecada corre escada acima, se joga na tirolesa até a edícula, volta correndo para subir a escada de novo e assim por diante.

Frases típicas:

Sai de baixo!

Eu prefiro dizer "domando" o Zambezi.

Merda acontece.

Eu não sei viver enjaulado, cara!

Vestuário

Esse pai precisa de roupas leves e resistentes. E os acessórios certos não podem faltar: cordas, mosquetão, bolsa de cintura, apitos, sinalizador de emergência – tudo sem uso e ainda na embalagem original...

Transporte

Tudo vai depender da aventura da vez. *Mountain bikes*, caiaques, jipes 4x4 e camelos sempre podem ser úteis. Mas a melhor maneira de se deslocar de um ponto a outro é pelo ar, pulando de cima das coisas.

Petiscos preferidos

Charque de carne de tubarão feito em casa, barrinhas energéticas e um pacote de Kendal Mint Cake. Precisa mais?

Expectativa de vida

Essa não é difícil. Vida cheia de perigos e integridade física são duas coisas que não combinam. O consolo é que, provavelmente, quando ele bater as botas vai ser de um jeito bem rápido.

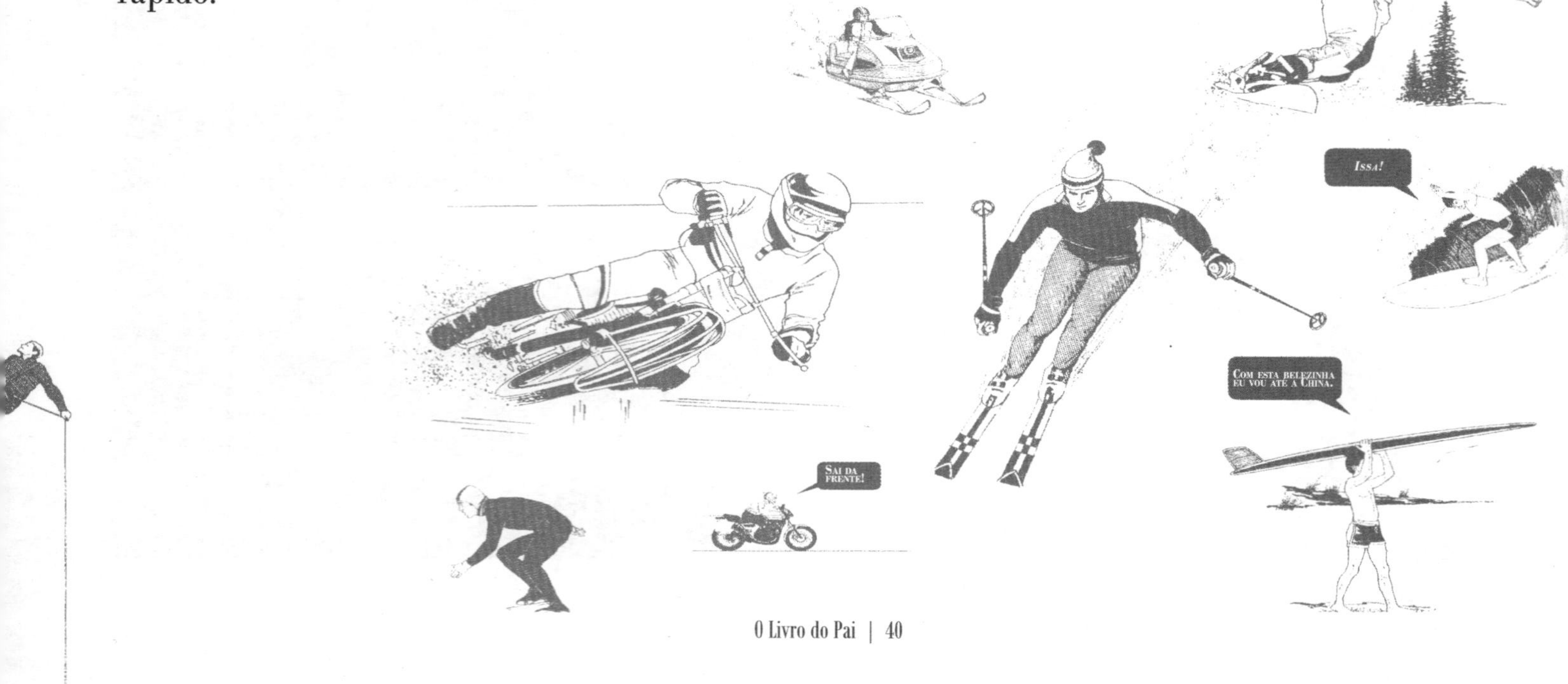

Pai Ilusionista

O dia ideal

O Pai Ilusionista começa o dia no restaurante do cassino. O café da manhã em Vegas é sempre completíssimo: ovos com presunto, cereal, frutas frescas e panquecas com mel garantem poderes mágicos para o dia todo.

Como ele paga por essa lauta refeição? É fácil: o Pai Ilusionista passa a mão sobre a máquina do cartão de crédito e, num passe de mágica, o recibo do caixa é impresso. O pessoal da cozinha e os clientes reunidos em volta aplaudem entusiasmados, o Pai Ilusionista agradece fazendo uma reverência e sorri para a atendente.

Na hora do almoço, ele foi contratado para dar um show na inauguração de um supermercado. A transformação das frutas em legumes, do vinho em água e o truque do desaparecimento de uma fileira inteira de carrinhos de compras divertem a plateia, mas o gerente não parece gostar muito do espetáculo.

De volta ao cassino, é hora da matinê: o Pai Ilusionista escapa de um baú acorrentado e preso debaixo d'água pelo peso de um hipopótamo de verdade. Na apresentação noturna, ele serra em quatro pedaços a Mãe Ilusionista, sua assistente e ex-modelo famosa, e convida a filha mais nova para participar do famoso truque da "gaiola com espetos". A multidão vai ao delírio. O truque da gaiola não sai exatamente como o planejado, mas o que importa é que a garota não se machucou muito e que pelo menos agora vai parar com aquela velha ladainha de ficar implorando para fazer um *piercing* na orelha.

Depois de dar uma porção de autógrafos e fazer montes de canetas desaparecerem, a família vai descansar na suíte presidencial do hotel onde mora. O Pai Ilusionista pode finalmente vestir seu roupão de lycra com strass e relaxar ao fim de mais um dia de trabalho.
Mágico!

O DIA REAL

O Pai Ilusionista passa boa parte do dia consertando a caixa usada no truque de serrar a Mãe Ilusionista ao meio. A dobradiça que quebrou na semana passada fez a Mãe Ilusionista gritar uma série de impropérios, o que acabou fazendo os dois serem expulsos da casa de espetáculos onde se apresentavam.

O Pai Ilusionista faz o que pode, mas as circunstâncias não colaboram

Às cinco da tarde, depois de engolir uma refeição à base de ovos cozidos com torradas, a família espreme os equipamentos no seu Astra e parte para a apresentação contratada para abrir o show da turnê Ursinho Nookie, o Retorno.

O Pai Ilusionista faz o que pode, mas as circunstâncias não colaboram. Os sujeitos do teatro puseram um estagiário na mesa de luz. O coelho é retirado da cartola na mais completa escuridão, e, durante o número da folha retalhada de jornal que se recompõe, o palco está mergulhado em uma penumbra sinistra.

O truque de serrar a Mãe Ilusionista ao meio felizmente dá certo, mas o sucesso dele só serve para realçar a escassez de gente na plateia. Um punhado de palmas esparsas e o som de três ou quatro gargantas pigarreando ecoam pelo auditório quase vazio.

FRASES TÍPICAS:

EU DISSE QUE NÃO PODIA SE MEXER!

ERA O TRÊS DE PAUS?

NÃO, O MUNDO DA MÁGICA NÃO ESTÁ SATISFEITO COM ISSO.

ABRACADABRA!

Vestuário

A gravata borboleta com cartola e capa do figurino tradicional são sempre a melhor opção. Mágicos de jaqueta de couro e camiseta não convencem.

Transporte

A própria capa voadora, obviamente. Mas, para Pai Ilusionista iniciante, pode ser um Fusca customizado com adesivos de "Mysto, o Grande" colados nas portas.

Petiscos preferidos

Balas de alcaçuz e porções ocasionais de frutas tropicais exóticas como graviola, carambola ou lichia.

Expectativa de vida

A expectativa de vida do Pai Ilusionista é bastante boa – esse é um tipo de pai que no geral se dá bem nesse quesito. Mas vale lembrar que a prática de engolir espadas pode afetar consideravelmente os prognósticos.

Brian

Brian – originalmente, o nome é uma referência à cor marrom (*brown*). Típico fumador de cachimbo, apreciador de calças de veludo e dono de um Volvo, Brian não é um sujeito que costume ficar conhecido como o Cara Radical do Pedaço (e muito menos como o Interessante, o Palhaço da Turma nem o Rei do Frisson). Nos quesitos longevidade, resignação e estabilidade, Brian ganha disparado; mas não espere boas notas desse cara em depravação, sociabilidade ou na contagem de espermatozoides. No cômputo geral das coisas, Brian é aquele que simplesmente não faz a menor diferença.

O Pai Aposentado

O dia ideal

Às 6 horas da manhã, toca o alarme do radiorrelógio que a Mãe Aposentada sempre deixa sintonizado na estação de notícias. O Pai Aposentado desce para preparar o chá e leva de volta para tomar na cama. O desjejum é servido na mesa da cozinha, onde o casal divide as torradas com geleia e os cadernos do jornal do dia.

Pela manhã, os dois vão de ônibus até o campo de golfe jogar uma partidinha com a turma de amigos da terceira idade. O almoço é um sanduíche no bar de lá mesmo, e depois eles voltam para o ônibus rumo ao clube de bocha. No final da tarde, ainda sobra um tempinho para olhar as vitrines e renovar o estoque de sorvete de passas ao rum.

O jantar em casa é servido bem cedo, e em seguida chegam as duas noras com os netos para uma visita. Os pequenos fazem uma bagunça tremenda, pulando nos sofás e – para o desgosto do Pai Aposentado – escavando crateras profundas nos potes de sorvete. Quando a visita finalmente termina, quinze minutos depois de começar, ele se sente realmente feliz e revigorado – mas agradecido pela dose de vigor ter parado por ali.

...a Mãe Aposentada desliga a TV e lança um olhar para o Pai Aposentado

À noite, a Mãe Aposentada assiste à novela e aos programas de auditório na TV, enquanto o Pai Aposentado fica no computador recém-adquirido, digitando cartas de recomendação que recebeu antes de se aposentar e pesquisando na internet sobre a história da família.

Quando o carrilhão da sala bate 10 horas, a Mãe Aposentada desliga a TV e lança um olhar para o Pai Aposentado.

O DIA REAL

Pouco antes das 6 horas da manhã, o Pai Aposentado acorda com um som estranho de gemidos. No instante seguinte, a neta número 3 surge na porta e informa que o neto número 2 não está se sentindo bem – ela mesma não parece se dar conta de que o seu rosto está coberto de pintinhas vermelhas.

O plano de ir até o campo de golfe ensinar as crianças a jogar tem de ser adiado. Eles passam a manhã em três ônibus diferentes a caminho do consultório do pediatra.

A neta número 3 passa mal no primeiro ônibus; o neto número 2 passa mal no terceiro. Na volta, depois de confirmado o diagnóstico e recomendado o confinamento imediato das crianças, o neto número 2 passa mal no primeiro ônibus e a neta número 3 passa mal no terceiro.

Apesar de o Pai Aposentado ter feito de tudo para deixar os cuidados a cargo da Mãe Aposentada, ele acaba passando boa parte da tarde lendo histórias para as crianças no quarto com as cortinas fechadas, tentando fazer com que elas tomem algumas colheradas de sopa, renovando as compressas úmidas das testas e levando baldes de vômito para serem esvaziados. No fim do dia, os cuidadores oficiais dos pequenos pacientes enfim chegam da semana que passaram esquiando nos Alpes, para alívio do Pai Aposentado e da Mãe Aposentada que, a essa altura, estão exaustos.

Depois de jantar e tomar um ou dois cálices de vinho do Porto, os dois desabam nas suas poltronas. A Mãe Aposentada acaba a noite de mau humor porque não sabia nenhuma resposta do jogo de perguntas do programa de auditório, e também porque resolveram matar o personagem favorito dela na novela.

MOTORISTA, MOTORISTA, OLHA O POSTE, OLHA O POSTE...
FICA QUIETO, VOVÔ! QUE MICO!
O LIVRO DO PAI
COMPRE AGORA MESMO!
(principalmente se você está folheando este exemplar numa livraria)

Frases típicas:

Leve um casaquinho, meu filho, que vai esfriar!

Devagar e sempre, meu bem.

Bocha é um esporte mais dinâmico do que as pessoas imaginam.

Vai um vinho do Porto?

Quando as batidas do carrilhão acordam os dois às 10 horas, o Pai Aposentado se dá conta de que aquilo que ele descobriu na internet sobre o seu tataravô ter sido um famoso cirurgião da Marinha não passou de um sonho.

Vestuário

Só porque você está aposentado, não quer dizer que vá andar por aí de qualquer jeito. Use sempre paletó e gravata, calças bem-passadas, sapatos engraxados e tudo o mais – procure manter um ar respeitável, homem! Você não vai querer ficar com fama de desmazelado feito o Oliveira do número 57, vai?

Transporte

Maiores de 60 anos têm acesso liberado aos ônibus urbanos. Precisa dizer mais?

Petiscos preferidos

Talvez você ache que não há nada como as balas Toffee originais, mas já existem novidades como o Frumelo e os drops de hortelã que valem o risco de experimentar.

Expectativa de vida

Tecnicamente, é claro, nada impede que o Pai Aposentado seja um sujeito que conseguiu tornar-se milionário quando estava na faixa dos 40 anos. Mas isso é pouco provável. A expectativa de vida do Pai Aposentado vai depender do que ele fez na vida até esse ponto – e nós estamos falando aí de um campo de possibilidades bem vasto. Melhor pensar deste jeito: se conseguiu chegar até a aposentadoria, isso é sinal de que você já está no lucro.

O Pai New Age

O dia ideal

Antes do café da manhã à base de granola feita em casa e torrada de pão integral, o Pai New Age tira um tempinho para praticar ioga e meditação com os filhos. O trajeto até a escola é feito numa paz de dar gosto: a Mãe New Age e os pirralhos aprenderam a negar o ego, e o CD com o canto das baleias deixa todos equilibrados e tranquilos.

...o resto da noite é dedicado a várias horas de sexo tântrico

O Pai New Age tem um dia favorável no seu trabalho de balconista da loja de produtos naturais. A maior parte dos clientes tem tempo de bater altos papos espirituais e holísticos enquanto compra seus frascos extragrandes de cápsulas de aminoácidos Mega Mass Power Turbo. No almoço o tempo está ensolarado, e o Pai New Age aproveita para meditar sentado na grama do parque.

À noite, depois de terem jejuado desde a hora do lanche a fim de alcançarem maior iluminação espiritual, as crianças leem passagens do *Bhagavad Gita* enquanto a Mãe New Age treina para a prova prática do dia seguinte no curso de acupuntura usando o Pai New Age como cobaia. Depois que os pequenos vão para a cama, o resto da noite é dedicado a várias horas de sexo tântrico.

O DIA REAL

Todo mundo perde a hora porque o despertador movido a energia solar parou de funcionar outra vez. Não sobra tempo para praticar nenhuma das posturas de ioga que geralmente fazem o Pai New Age sentir todo o peso da idade, e as crianças usam o atraso como pretexto para não preparar a granola e trocar o café da manhã por pacotes de sucrilhos comprados para casos de emergência como esse.

A conta de luz chegou e o valor é uma facada – tanto para o bolso quanto para o meio ambiente. No caminho até a escola, ninguém parece muito disposto a negar o ego. O Pai New Age precisa caprichar no volume do CD do canto das baleias para acalmar os ânimos.

Os únicos clientes que entram na loja de produtos naturais o dia todo são rapazes sem pescoço que perguntam se ele por acaso não vende anabolizantes. O Pai New Age tenta usar a hora do almoço para meditar, mas está chovendo e ele não consegue tirar a maldita conta de luz da cabeça.

O jantar à base de arroz selvagem e bardana estava bom, mas quando saem da mesa as crianças não parecem muito inclinadas a ler textos sagrados. Em vez disso, cada um se tranca no próprio quarto para assistir à novela. O *chi* do Pai New Age está tão desequilibrado a essa altura que ele precisa de uma Neosaldina e meia garrafa de Chianti para controlar a dor de cabeça.

Mais tarde, depois de concordar em servir de cobaia para a prática de acupuntura da Mãe New Age, ele precisa de mais uma Neosaldina para conseguir dormir.

FRASES TÍPICAS:

QUERO VER AS VIBRAÇÕES POSITIVAS, CRIANÇAS!

EU ESTOU CONECTADO A UMA VERDADE MAIS AMPLA.

O SACO DE 5 KG DE GRANOLA DÁ DIREITO A UM BUDA-BRINDE.

ISTO AQUI ESTÁ SANGRANDO, CARAMBA! EU PRECISO DE UM *BAND-AID*, NÃO DE UMA DROGA DE UM CRISTAL!

Vestuário

O principal é o conforto. Ninguém consegue manter uma postura zen diante da vida se estiver usando calças apertadas demais, certo? E prefira os tecidos lisos. Estampas, silk-screen e esse tipo de coisa interferem no Feng Shui e prejudicam o carma da pessoa. Branco é sempre uma boa escolha para manter a pureza interior, mas lembre que roupa branca mancha fácil e não é legal para ir ao trabalho.

Transporte

Todo Pai New Age que se preze tem uma Kombi. Apesar de todas as evidências em contrário, ela é o carro que continua tendo aquele visual de veículo do futuro.

Petiscos preferidos

Macadâmia orgânica, castanha de caju, mix de sementes com papoula, biscoito de fibras.

Expectativa de vida

Manter um corpo saudável é uma das grandes preocupações desse tipo de pai, e isso é sempre um bom sinal. Entretanto, ela costuma vir acompanhada da tendência a se autodiagnosticar e trocar as visitas ao consultório médico por chás de casca de árvore.

O Pai Metaleiro

O dia ideal

O dia do Pai Metaleiro começa quando ele põe o seu modelito *rocker* favorito, recém-lavado e passado pela Mãe Metaleira: o jeans mais justo e mais desbotado do armário com aquela camiseta dos Ramones (de estimação e surrada na medida certa).

A noite não poderia ser melhor – o velho DC manda ver no som...

Durante boa parte do seu dia de trabalho como controlador de tráfego aéreo, o Pai Metaleiro está ele mesmo nas nuvens imaginando o "showzaço" que vai ver mais tarde. Quando chega em casa, depois de mandar ver num omelete reforçado para ganhar energia e checar se todos os filhos estão com as camisetas certas, o Pai Metaleiro embarca a família na sua minivan Renault e parte para o estádio onde o AC/DC vai se apresentar.

A noite não poderia ser melhor – o velho DC manda ver no som, e o Pai Metaleiro tem uma ótima oportunidade de ensinar aos moleques na prática como é que se faz o símbolo do metal com os dedos, como se bate cabeça e se toca guitarra no ar.

Na volta para casa, ninguém diz uma palavra. Todos ainda estão em êxtase por causa do show. Aliás, por causa do zumbido nos ouvidos, se alguém decidisse falar não daria para ouvir muita coisa mesmo.

Dá pra ser pai e ainda mandar ver no metal. Eu disse: DÁ PRA SER PAI E AINDA MANDAR VER NO METAL!!!

O dia real

O Pai Metaleiro acorda e se dá conta de que esqueceu de pôr o seu jeans e a camiseta preferida para lavar. A única calça limpa que sobrou no armário, aliás, é aquela de veludo marrom que a mãe dele deu de presente no último Natal.

...o nevoeiro se transforma em chuva e a família fica encharcada dos pés à cabeça antes mesmo de o AC/DC aparecer no palco

O dia de trabalho é um verdadeiro caos. Os dois aeroportos da cidade fecharam por causa do nevoeiro, e dezenas de voos tiveram de ser redirecionados. Quando enfim consegue chegar em casa, o Pai Metaleiro está exausto.

Com o mau tempo, fazer a minivan chegar até o estádio onde vai ser o show vira um pesadelo. Eles chegam atrasados, e ainda passam horas tentando arrumar uma vaga para estacionar. Quando põem os pés na arquibancada, o nevoeiro se transforma em chuva e a família fica encharcada dos pés à cabeça antes mesmo de o AC/DC aparecer no palco.

O Pai Metaleiro ainda tenta fazer a noite render como pode, mas a família é obrigada a ir embora às pressas antes do fim do show: um dos Filhos Metaleiros desmaiou depois de tentar bater cabeça sem a supervisão de um adulto.

Frases típicas:

Roquenrrroooouuuu!!!

Uhuuu! Metal!

Manda ver no rock!

Dance music não tá com nada!

Vestuário

Jeans é a palavra-chave. Ter duas calças jeans gastas para revezar é o ideal e, na parte de cima, vale completar o visual com uma jaqueta jeans desbotada ou um casaco de couro bem gasto.

Igualmente importante é a coleção de camisetas pretas com logotipos de bandas e datas de turnês. Quanto mais antigas forem as datas, melhor. Lembre que algumas das camisetas devem ser daquele modelo sem manga. A camiseta de banda não é simplesmente uma peça de roupa ou um elemento para compor o seu estilo, meu amigo: ela é um verdadeiro diário ambulante, um *souvenir*, uma parte da sua essência como pessoa.

Petiscos preferidos

Salaminho fatiado, chocolate Lion Bar e pastilhas de chocolate mentolado – tudo devidamente acondicionado no porta-luvas do carro.

Transporte

Nos bons tempos, o Pai Metaleiro desfilava pela cidade ao volante de um Ford Capri amarelo-canário. Depois do casamento e da chegada dos filhos, a minivan Renault começou a parecer uma escolha mais sensata por diversos motivos. Mas ele jura que um dia ainda vai comprar outro Capri.

Expectativa de vida

Os dois grandes problemas de saúde que afetam o Pai Metaleiro são os zumbidos nos ouvidos e males decorrentes da bateção de cabeça, como dores na coluna e cefaleias. Nenhum deles é fatal, embora possam afetar sua qualidade de vida na terceira idade.

O Pai Superexigente

O dia ideal

Num dia perfeito, as crianças levantaram mais cedo e já estão fazendo os seus exercícios extras de Matemática quando o Pai Superexigente acorda. Um café da manhã nutritivo prepara a prole para encarar o dia, e em seguida todos partem para a escola bem cedo para ter tempo de resolver mais alguns problemas antes de a aula começar.

Na hora do almoço, o Pai Superexigente aproveita para ligar e saber como os meninos se saíram nas tarefas da manhã. Ele leva trabalho para casa e sai cedo do escritório para poder acompanhar os filhos na ida para os seus diversos cursos complementares.

Durante a refeição noturna, a família avalia como foi o dia de todos, dividindo o assunto por tópicos predefinidos: Expectativa, Meta, Resultado, Conquista, Progresso e Plano Geral. O ponto alto, sem dúvida, foi a matéria publicada no jornal local registrando proezas variadas das três crianças da casa – duas delas com direito a foto e tudo.

Mesmo em um dia ideal como esse, o Pai Superexigente precisa ficar até tarde trabalhando na papelada que trouxe do escritório. Mas ele acaba concluindo que tudo vale a pena quando, ao subir as escadas pé ante pé, ouve um dos filhos gritar no meio do sonho: "O único lugar onde você vai achar sucesso antes do trabalho é no dicionário!".

O dia real

As crianças estão tão exaustas que têm dificuldade para levantar de manhã. Nem mesmo repetindo os Cinco Segredos para um Dia Bem-Sucedido, o Pai Superexigente consegue insuflar algum ânimo na prole.

Elas chegam à escola a tempo de fazer os exercícios extras, mas de longe o pai avista quando os pirralhos correm para o canto mais afastado do pátio e começam a mandar mensagens de texto pelos celulares. Quando ele tenta ligar na hora do almoço para saber como foi a manhã, todos os telefones caem na caixa postal.

À tarde, a reunião importante no escritório leva mais tempo do que o planejado e as crianças têm de ir de ônibus para os seus cursos extras. O Pai Superexigente fica chateado por ter perdido essa chance de conversar com o filho menor a respeito da aula do dia sobre Física Aplicada.

Quando finalmente consegue chegar em casa, o Pai Superexigente terá muito a conversar se quiser apurar como todos os filhos conseguiram perder os respectivos ônibus para os seus cursos extras. Mas na hora da refeição noturna ninguém parece muito a fim de conversa, e o pai sente um grande abismo de decepção abrir-se a seus pés.

Enquanto sobe as escadas no escuro para ir se deitar, o Pai Superexigente repassa mentalmente os Cinco Segredos para um Dia Bem-Sucedido e se dá conta de que nesse dia nenhum deles foi posto em prática.

Vestuário

O Pai Superexigente não liga muito para a moda. Desde que tenha no armário um bom terno para comparecer às cerimônias de premiação dos seus filhos maravilhosos, está tudo certo.

Transporte

Uma boa perua Volvo é tudo de que esse pai precisa. Robusta, confiável e com espaço de sobra para levar os equipamentos esportivos, os contrabaixos etc.

Petiscos preferidos

As clássicas trufas Thorntons de chocolate branco.

Expectativa de vida

Verdade seja dita: no caso do Pai Superexigente, o estresse pode interferir na expectativa de vida. Ainda assim, é comum que a morte não chegue antes (e sim logo depois) que ele possa testemunhar as maiores conquistas dos seus filhos. Mesmo que o faça pela TV, deitado em seu leito de morte.

Frases típicas:

Quais são os Cinco Segredos?

Eu não estou sentindo muita firmeza nessa nova professora dele.

Expectativa, Meta, Resultado, Conquista, Progresso!

Não, Resultado e Conquista não são a mesma coisa.

Pai Professor

O dia ideal

Obviamente, lecionar é uma vocação; portanto, esse pai nunca está “de folga”. O dia ideal do Pai Professor, então, pode muito bem acontecer no meio de um dos muitos feriados escolares que o liberam do trabalho ao longo do ano.

Depois do jantar à base de peixe com fritas, a família vai ao cinema ver o novo filme do Almodóvar

Após um café da manhã completo na pousada, ele ruma com a família direto para a praia. Lá, o Pai Professor e a Mãe Professora podem se refestelar nas cadeiras reclináveis com os seus jornais preferidos enquanto ficam de olho na oportunidade de aprendizado informal dos pequenos. Eles agora estão construindo um castelo de areia, experiência que certamente terá uma contribuição inestimável para a sua formação cultural.

As crianças mostram habilidade para acessar recursos de diversos campos do conhecimento e combiná-los de maneira eficaz em um sistema definido de inter-relações. Ou seja: o menino cavou um açude em miniatura para resolver o problema do escoamento da água, enquanto a menina se esmera em criar torres bem pontudas e um visual gótico para “atrair cavaleiros valentes”.

Depois do jantar à base de peixe com fritas, a família vai ao cinema ver o novo filme do Almodóvar. Na volta a pé para a pousada, com um incentivo mínimo do Pai Professor, as crianças embarcam no debate animado sobre o filme.

Todos vão para a cama cansados, felizes e sentindo que aprenderam alguma coisa.

O dia real

Já o dia real, como seria de esperar, é passado no trabalho mesmo. Para um Pai Professor, boa parte desse trabalho consiste em GFO – Gerenciar os Filhos dos Outros – e os filhos dos outros são osso duro de roer.

Olhando pela janela da sala enquanto os alunos terminam de resolver as equações da página 22 e conferem os resultados com o colega ao lado (ou enquanto eles usam seus canivetes para riscar as iniciais na madeira das carteiras e esburacam as cortinas usando pistolas de ar comprimido), o Pai Professor também se ocupa mentalmente com um exercício de Matemática: calcular exatamente quantos anos, meses, semanas, dias, horas, minutos e segundos faltam para conseguir a sonhada aposentadoria.

Hoje ele vai precisar ficar até mais tarde no colégio para a reunião com os pais. A cantina providenciou um prato de papel com um naco de alguma coisa semelhante a queijo e um rabanete cobertos com papel-filme. Na reunião, o Pai Professor tem de lidar – em proporções equivalentes – com pais atormentados, resignados, acusadores, desnorteados, indiferentes e malucos.

Ele corrige deveres de casa enquanto come um sanduíche

Quando consegue chegar em casa, as crianças já foram para a cama. Ele corrige deveres de casa enquanto come um sanduíche na cozinha. A Mãe Professora também já está deitada. Preparado o seu almoço do dia seguinte e arrumado o material dos meninos, o Pai Professor pode finalmente juntar-se a ela.

Depois de ter dado de cara com um canivete na mochila do filho mais velho, ele vai para a cama cansado e infeliz, temeroso de haver descoberto uma coisa que preferiria não saber.

Frases típicas:

As primeiras cinco questões da página 22.

Eu li no jornal de hoje.

E isso mostra que...?

Silêncio!

Vestuário

Com alguns anos de ofício, o Pai Professor já vê que pode se limitar aos suéteres de lã e paletós de veludo com reforços de couro nos cotovelos. Afinal, é só um bando de crianças mesmo – elegância pra quê? E, à medida que se torna um veterano das salas de aula, é aí que ele pode ficar totalmente "largado" mesmo. Ninguém vai nem reparar.

Transporte

Para o percurso até o trabalho, uma bicicleta. Se estiver chovendo forte, a Mãe Professora pode levá-lo de carona no seu Peugeot 504.

Petiscos preferidos

Biscoito maisena, cream-crackers, bolo de aniversário da semana passada, quatro bombons de coco esquecidos no fundo da caixa que sobrou da peça da escola.

Expectativa de vida

Com todo o estresse e os reveses da "vida de mestre", há dois desfechos possíveis para o Pai Professor: ou ele se tornou mais resistente com o passar do tempo e agora tem energia para seguir impávido por décadas a fio, ou então pifa completamente assim que consegue a aposentadoria.

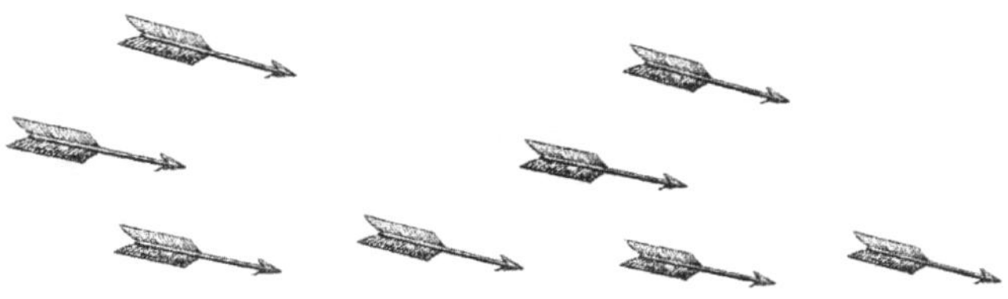

Pai Antiquário

O dia ideal

Quando as crianças entram em férias, surge a chance de promover um bom dia de garimpo *en famille*. Munidos de sanduíches de bacon e uma garrafa de chá, todos embarcam no carro rumo ao interior.

Chegando à aprazível cidadezinha do leilão, o Pai Antiquário dá uma olhada nos lotes em exposição enquanto as crianças e a patroa bisbilhotam as lojas de *souvenir* e tomam um cafezinho. Todos se encontram no carro para almoçar os sanduíches e combinar a estratégia de ação – o segredo é não deixar o pessoal local perceber quais são as peças que despertaram interesse. Pode haver coisas valiosas em jogo.

O pai está de olho em uma estante do século XVIII. Ela precisa de restauração, obviamente, mas pode ser a grande compra do dia. O filho mais velho fica encarregado de dar os lances. A missão da filha maior será uma jarra de porcelana pintada – certamente do século XIX – em estado impecável.

O caçula, a mãe e o Pai Antiquário cuidarão dos lances para arrematar uma bela cigarreira francesa do princípio do século XX.

...o segredo é não deixar o pessoal local perceber quais são as peças que despertaram interesse

O plano dá certo. O Pai Antiquário tem até a chance de fingir que tenta superar duas vezes os lances do filho e sacudir dramaticamente a cabeça ao ser vencido na terceira tentativa. As peças são arrumadas no porta-malas do Volvo, e o caminho de volta é embalado por muita cantoria, risadas e cálculos dos lucros que elas vão gerar.

O dia real

O dia começa com a jornada até o interior. Hoje vão acontecer três leilões simultâneos e a família vai ter que se dividir entre eles – ou seja, nenhuma criança está autorizada a dar um lance em peça alguma sem consultar o Pai Antiquário antes.

...o Pai Antiquário se meteu numa disputa idiota de lances com um comprador local que havia esbarrado na garrafa térmica da Mãe Antiquária

Na prática, isso quer dizer que a meninada simplesmente some de vista, e que na hora de ir para casa eles aparecem trazendo tranqueiras nazistas – adagas, distintivos, tarjas da SS e coisas do gênero –, sete bonecas do período eduardiano em estágios variados de decomposição e uma peça que foi vendida como fóssil de um parente primitivo do musaranho, mas que qualquer um pode ver que é simplesmente tinta aplicada em uma pedra comum.

Enquanto os filhos arrematavam esses "tesouros", o Pai Antiquário se meteu numa disputa idiota de lances com um comprador local que havia esbarrado na garrafa térmica da Mãe Antiquária. Graças a isso, acaba tendo que pagar um preço absurdamente alto por uma porcelana Spode de segunda linha. A volta para casa é silenciosa, enquanto o pai tenta calcular o prejuízo total do dia.

Frases típicas:

Hmmmm... A aparência é de antigo, mas será que é antigo mesmo?

Eu vou manobrar o Volvo.

É isso que eu chamo de uma bagatela.

Século XVIII, com certeza.

Vestuário

O figurino precisa ser condizente com o papel. Você é um sujeito que negocia e transporta peças elegantes e antigas; portanto, precisa se vestir de um jeito ligeiramente antiquado e meio almofadinha.

Uma combinação ideal pode ser um par de brogues marrons, calças de veludo castanho-claro e um suéter verde de lã de carneiro com a gola redonda enfeitada por um lenço de seda amarela. Para as expedições ao ar livre, é só acrescentar um casacão impermeável e uma boina de *tweed*.

Transporte

A perua Volvo 240DL não tem concorrentes aos olhos de um antiquário. O Pai Antiquário não vai relaxar enquanto não conseguir comprar uma para seu uso – não há móvel que não caiba no bagageiro de um carro desses.

Petiscos preferidos

Chocolate gourmet com 85% de cacau. E toffees e balas de menta para as emergências.

Expectativa de vida

O problema de viver no meio de tantas peças elegantes – todos aqueles móveis e quadros, lustres, joias e cômodas – é que isso alimenta ideias de grandeza. Se não se cuidar, o Pai Antiquário tenderá a ficar com as faces mais coradas do que seria recomendável.

Ainda assim, o mais comum é que ele se mantenha vivo ao menos até ver os objetos corriqueiros da sua infância serem transformados em itens valiosos de colecionador.

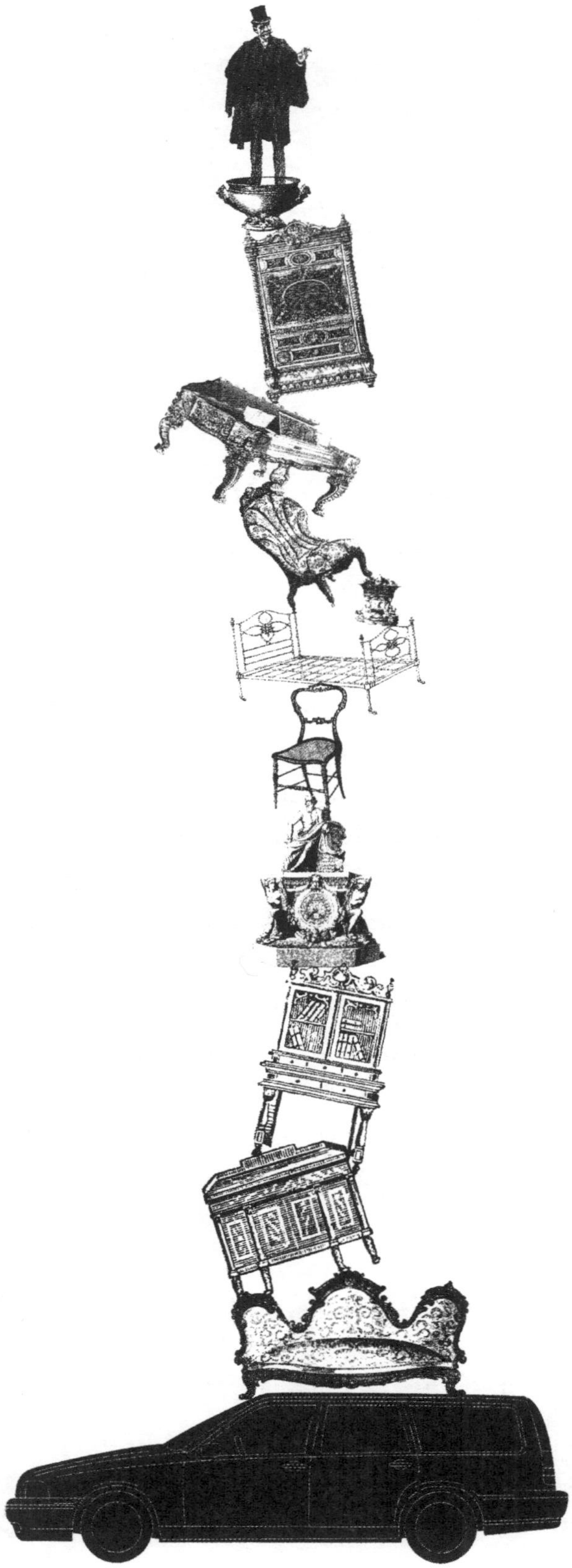

Pai Advogado

O dia ideal

Quarta-feira, 10 horas da manhã, Old Bailey. O Pai Advogado – nomeado, aliás, como membro do Conselho da Rainha – ouve o farfalhar luxuriante da seda da beca ao estender a mão para abrir o fecho da sua valise de couro preto legítimo e retirar de lá as anotações sobre o caso.

Hoje será o dia de uma grande, dramática, virada. O dia que mudará para sempre o rumo do julgamento – e ele é o único que sabe disso. As vidas de muitas pessoas estão em suas mãos. O Pai Advogado usará todo seu intelecto em nome da justiça, a fim de mostrar à tribuna, à imprensa e ao público em geral que a verdade – desde que se tenha fundos suficientes para isso – há de prevalecer.

Depois de esclarecer detalhes sem importância com uma testemunha sem importância numa cantilena que induziu todos os presentes a um estado de leve torpor, o Pai Advogado passa a plateia em revista, dá um sorriso jovial e chama a testemunha X. Um burburinho circula pelo auditório, mas todos se calam quando a testemunha surpresa adentra o recinto.

Ele ouve o farfalhar da sua beca de seda mais uma vez...

Interrogada e estimulada de maneira correta pelo Pai Advogado, a testemunha consegue deixar a plateia, o júri, a banca de defesa e o juiz eletrizados.

Quando a testemunha se retira, ainda enxugando as lágrimas, o acusado exibe um ar de derrota, os jurados parecem francamente comovidos, acenando em concordância uns para os outros, e o juiz lança um olhar breve mas significativo para o Pai Advogado. Ele ouve o farfalhar da sua beca de seda mais uma vez...

E pode ser até que consiga chegar em casa a tempo para uma última partida de críquete com os filhos A e B no quintal.

O DIA REAL

Quinta-feira, 4h30 da tarde, Fórum Regional de Bracknell

O Pai Advogado, depois de lutar contra a droga do fecho da valise que ele comprou na liquidação da loja de departamentos, pega suas anotações dentro dela. Hoje nem era dia de ir ao Fórum, mas ele foi chamado às pressas para substituir um colega doente.

Depois de levar vários minutos para perceber que está diante das anotações do caso errado, o Pai Advogado precisa dar um jeito de derramar toda a papelada no chão até conseguir achar o que quer sem passar por completo idiota diante da tribuna. O outro advogado e o magistrado lançam olhares enviesados.

O reclamante – alegando que "o cachorro desse safado revirou meus canteiros de flores e ainda teve o desplante de urinar numa inocente bicicleta de criança" – não está nada satisfeito de ser representado por um completo desconhecido, e a audiência logo descamba para uma discussão aos berros entre dois vizinhos furiosos.

Depois que anuncia o veredicto (o que só serve para fazer os gritos ficarem ainda mais altos), o juiz reserva um tempo do seu discurso de encerramento para passar uma reprimenda no Pai Advogado pelo seu desempenho sofrível.

Do lado de fora do tribunal, ameaçado por um ataque do dono do cachorro aspirante a jardineiro, o Pai Advogado precisa se trancar no próprio carro para evitar os socos. Em casa, ele senta na sua poltrona e organiza as anotações para o dia seguinte, enquanto a Mãe Advogada e as crianças assistem à reprise de *LA Law* na TV.

Depois que toda a família vai dormir, o Pai Advogado larga a papelada, põe a sua fita da série *Perry Mason* no videocassete e cochila sonhando que é o Perry.

Frases típicas:

Você pode conseguir uma pena mais branda se confessar a sua culpa.

Sem mais perguntas!

(Para si mesmo, diante do espelho) Sim, mas o que Perry Mason faria numa hora dessas?

Não foi isso que eu quis dizer, Meritíssimo!

Vestuário

O Pai Advogado é a encarnação do anacronismo quando o assunto é moda. O seu gosto para roupas remete, digamos assim, ao século XVII. Ele curte sair de perucão e túnica comprida, com calções bufantes, meias pretas e sapatos de fivelas enormes. O cara é um verdadeiro personagem.

Transporte

Tudo bem andar de bicicleta se você está no início da carreira, mas o ideal é que logo comece a chegar ao tribunal de táxi. Para os passeios *en famille*, compre um carro alemão daqueles bem grandões.

Petiscos preferidos

Batata frita de saquinho comprada na máquina.

Expectativa de vida

A expectativa de vida é boa. São muito raros os casos de Pai Advogado assassinado por clientes. Além do mais, em caso de internação, o tratamento é sempre de primeira linha... depois que o pessoal do hospital descobre com quem está lidando.

Xiii... É Aquela que deve ser obedecida!

O Pai Militar

O dia ideal

Alvorada às **6h30.**

Higiene e arrumação pessoal até as **7 horas;** depois, café da manhã.

Inspeção às **8 horas.**

Embarque no veículo às **8h10.**

Às **8h35,** desembarque da tropa na porta da escola.

O Pai Militar segue rumo ao trabalho.

8h50 – 17h45, trabalho.

Chegada em casa às **18 horas.**

18h00 – 18h30, assistir ao noticiário na TV.

18h30 – 19h00, relatório da rotina escolar.

Jantar entre **19h00 – 19h30,** seguido de lição de casa das crianças.

Banho dos adultos a partir das **19h30.**

20h45, banho das crianças.

21h30, crianças na cama, adultos fazendo limpeza, passando roupas e preparando tudo para o dia seguinte.

22h30, pais na cama.

O DIA REAL

Alvorada às **6h30;** depois às **6h40** e novamente às **6h42**.

Higiene e arrumação pessoal até as **6h46**; depois, café da manhã.

Inspeção às **8 horas,** depois novamente às **8h10**.

Embarque no veículo às **8h25.**

Às **8h57,** desembarque da tropa na porta da escola. O Pai Militar segue rumo ao trabalho. Chega atrasado.

9h15 – 18h45, trabalho.
Chegada em casa às **19 horas.**

19h03 – 19h31, relatório da rotina escolar.

19h32 – 19h44, reprimenda paterna referente ao baixo desempenho verificado no relatório escolar.

Jantar entre **19h45 – 20h03**, seguido de lição de casa das crianças.

Banho dos adultos a partir das **20h03**.

21h37, banho das crianças.

22h14, crianças na cama, adultos fazendo limpeza, passando roupas e preparando tudo para o dia seguinte.

23h38, pais na cama.

23h39 – 00h09, indigestão.

Frases típicas:

Tudo compensa em nome da vitória. Agora pode começar outra vez, senhor.

Apagar as luzes!

Maldito! Desgraçado! Ninguém consegue subir de patente depois de apenas 11 semanas! Ninguém!

A hierarquia existe por um motivo, mocinha.

Vestuário

Cáqui. Existe outra coisa que preste?

Transporte

Na hora de encarar qualquer batalha, só o Land Rover pode oferecer a flexibilidade e a resistência necessárias.

Petiscos preferidos

Chocolate Twix, para você cantar "um-dois-feijão-com-arroz" enquanto marcha.

Expectativa de vida

A duração da vida do Pai Militar vai depender de quanto tempo ele passar na ativa. Nos últimos anos, a expectativa de vida declinou ligeiramente.

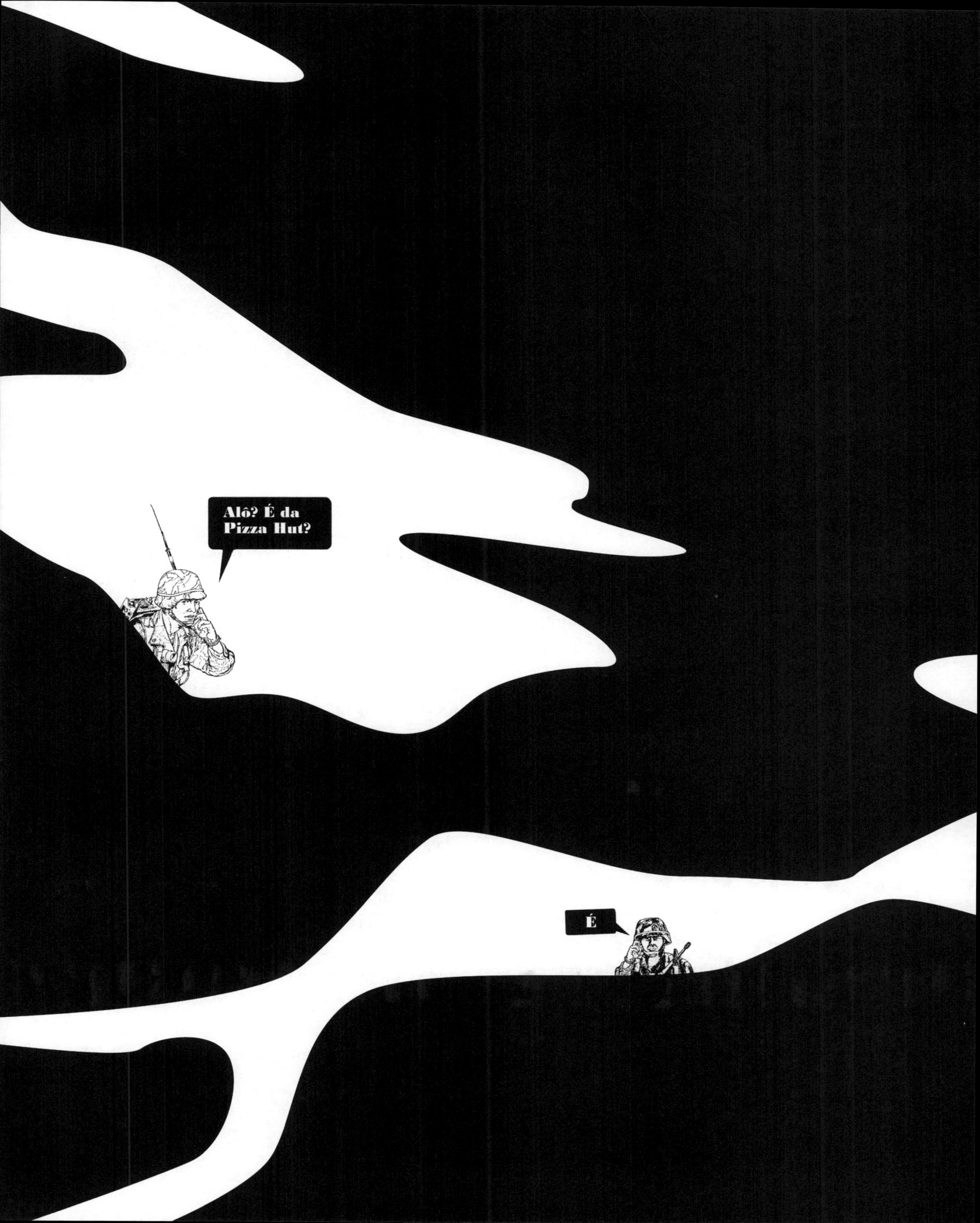
Alô? É da
Pizza Hut?
É

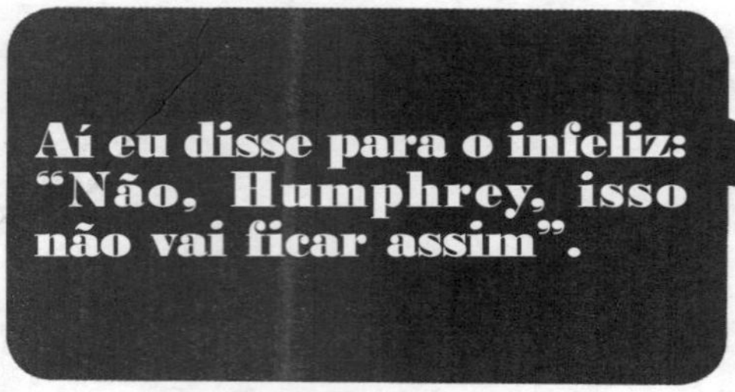

O Pai Gângster

O dia ideal

Ele acorda cedinho e toma o desjejum com direito a suco de fruta, granola, café e um charuto. Depois de cinco minutos dando um brilho no carro, o Pai Gângster está pronto para sair. Como o mundo do crime só começa a funcionar mesmo depois do meio-dia, ele aproveita a manhã para uma partida de golfe com os parceiros.

...o Pai Gângster pega com o filho a grana do lanche

O almoço é no bar: um sanduíche indecente de tão grande acompanhado por algumas cervejas e um informe sobre as últimas novidades da área. Quando as crianças chegam da escola, o Pai Gângster pega com o filho a grana do lanche. O combinado é que, em vez de receber dinheiro do pai para lanchar, o menino faça a limpa entre os colegas de turma, e que depois repasse uma parte do lucro ao seu velho. Hoje o dia foi produtivo, e pai e filho fazem a partilha embalados por uma sensação gostosa de companheirismo.

Depois de um grande jantar em família com a presença da mãe, da avó, do tio Steve e da tia Kelly com o primo Gavin e dos sete filhos do Pai Gângster, todos se acomodam para assistir ao *Poderoso Chefão II* em versão *widescreen* na Sony 44" com tela plana e som *surround* que acabou de chegar da loja.

É uma maravilha poder reunir a família e assistir boquiaberto a tamanha demonstração de violência e machismo glorificado. Isso é o que se pode chamar de uma experiência partilhada para ficar na lembrança! Depois de ter exagerado na cerveja na hora do jantar, o Pai Gângster cochila na sua poltrona como um bebê num berço de couro acolchoado.

O DIA REAL

Tomar o desjejum bem cedo seguido por uma xícara de café e um charuto enquanto confere os jornais não é uma forma ruim de começar o dia – a menos que esse desjejum consista em uma rosquinha solitária de cereal boiando no leite morno e o café venha de um balde enorme preparado horas antes. Depois de cinco minutos de baforadas, a quantidade de fumaça azulada acumulada na cela é tanta que ler o jornal (mesmo sendo o do dia anterior) transforma-se em missão quase impossível.

O melhor a fazer, portanto, é sair para uma caminhada revigorante. E é justamente isso que o Pai Gângster faz, depois de esperar duas horas. Ele caminha em círculos, completando de 23 a 26 voltas de cada vez dependendo do quão respeitado ele esteja se sentindo no dia.

Depois de um almoço que deixa a desejar, ele faz a ronda pelas salas de TV e pingue-pongue para receber sua cota de respeito e passar conselhos aos outros presos a respeito de como se tornar um cara respeitado. Em seguida, ele usa sua permissão de trabalhar uma hora ao ar livre para confabular com Terry "Lagosta" Tucker no pátio sobre seus planos de fuga.

O jantar não pode ser chamado de nada além de medíocre. Depois dele, o Pai Gângster volta para a cela e deita no catre para ler a correspondência. Sem a presença do pai por perto, parece que o esquema de coleta do dinheiro do lanche entre os colegas de escola do filho vem enfrentando uma certa resistência.

Enquanto o resto dos presos assiste ao *Poderoso Chefão II* numa Philco de 14", o Pai Gângster tenta pensar em uma maneira rápida de enviar um recado à Mãe Gângster informando que ela precisará se envolver um pouco mais nos negócios da família durante esse seu afastamento. E fica aliviado quando pondera que ao menos ela já sabe onde as armas ficam escondidas. Garota esperta!

FRASES TÍPICAS:

EU VOU SÓ ESMAGAR AS SUAS BOLAS, SEU GUARDA.

NÃO ESTOU SABENDO DE NADA. VAI VER QUE ELE DECIDIU SAIR DA CIDADE POR UM TEMPO.

ESTÁ QUERENDO ARMAR PARA MIM? JÁ PARA A CAMA!

DEVIA ESTAR FUNCIONANDO. ACABOU DE SAIR DA CAIXA.

Vestuário

Um terno bem-cortado já basta, ou então uma jaqueta de couro com camisa de gola careca. Anéis e correntes de ouro são acessórios que não podem faltar. E nada de sair por aí de tênis, seu otário!

Transporte

Qualquer deslocamento deve ser feito com luxo e estilo. O que exatamente essas duas palavras vão significar já é algo mais relativo. O melhor parâmetro é ficar sempre com o que for novo e moderno. E grande. Grande é fundamental. Pode ser um Jaguar, ou então um desses Range Rovers. Sem esquecer do interior todo revestido de couro.

Petiscos preferidos

Podem ser enguia ensopada e marisco em conserva, ou então mussarela de búfala e corações de alcachofra. Ou ainda aquela barra de cereais petrificada que você conseguiu arrumar com o pessoal do refeitório.

Expectativa de vida

Pare e pense. A resposta não é difícil. Sim, eu sei que existe Pai Gângster que chega até uma idade respeitável e um belo dia dá o último suspiro e morre de causas naturais. Mas a maioria não.

Pai Artista

O dia ideal

Pela manhã, o Pai Artista encontra enfim o tom certo para os telhados de palha no canto superior direito da tela que está pintando.

Ele também percebe que ter derrubado a cinza do cigarro no primeiro plano do quadro não foi um desastre como parecia inicialmente, e sim um desses empurrõezinhos que o acaso às vezes nos dá: graças ao incidente, a parede de pedras e o cascalho ganharam uma autenticidade renovada! O almoço é charmosamente rústico – pão, queijo e vinho tinto na companhia de um grupo de amigos pintores agradáveis mas ligeiramente menos bem-sucedidos. O Pai Artista passa a tarde cochilando no sofá.

Depois do jantar, ele se diverte fazendo carimbos de batata com as crianças e aproveita para conversar com elas sobre perspectiva e a Renascença.

O DIA REAL

Pela manhã, o Pai Artista estraga definitivamente a cor dos telhados de palha no canto superior direito da tela que está pintando. E percebe que não só fez a bobagem de derrubar cinza de cigarro no quadro como também acabou deixando a brasa abrir um buraco nele.

O Pai Artista passa a tarde cochilando no sofá, sonhando com aquela cor que ele não consegue produzir na sua paleta

Ele desiste de trabalhar e vai até o botequim, mas nenhum amigo aparece por lá. O Pai Artista passa a tarde cochilando no sofá, sonhando com aquela cor que ele não consegue produzir na sua paleta.

Enquanto brinca de fazer carimbos de batata com as crianças depois do jantar, ele se dá conta de que os triângulos que o filho de 4 anos está carimbando são exatamente do tom perfeito para os telhados de palha do seu quadro arruinado.

FRASES TÍPICAS:

EU ESTOU RETRATANDO A PRÓPRIA LUZ AQUI!

UM DIA ELES VÃO ME ENTENDER.

EM LINHAS GERAIS, EU ESTOU QUERENDO DIZER ALGO SOBRE A FORMA E O CONTEÚDO.

QUEM FOI QUE FEZ UM BURACO NA MINHA TELA?

Vestuário

O Pai Artista mais tradicional talvez ainda use o velho e bom guarda-pó – embora boinas e lencinhos no pescoço pareçam antiquados demais nos dias de hoje. Um Pai Artista que põe a mão na massa provavelmente será visto usando um macacão todo respingado de tinta na maior parte do tempo.

Já o Pai Artista envolvido com arte moderna talvez prefira uma camisa de gola alta preta e um terno de grife. Se a sua obra são só instalações em vídeo, não há por que o sujeito andar por aí todo respingado.

Transporte

Geralmente ele vai de ônibus mesmo. Ou de táxi, se estiver a caminho de uma galeria. Quando o sucesso finalmente bate à sua porta, o Pai Artista compra um carrão esporte vermelho bem extravagante.

Petiscos preferidos

Azeitonas, pão rústico, salada com queijo de cabra. Comida caseira. Uma paleta de miniporções, com possibilidades variadas de combinação entre elas. Cerveja e vinho também entram na categoria "petiscos".

Expectativa de vida

Variável. Tudo depende de saber se é um caso de Pai Artista atipicamente abstêmio ou daquele tipo que manda ver nuns quarenta Gauloises e mais uma garrafa inteira de absinto dia sim, dia não. Artistas – desde que não afetados por coisas como tuberculose, pneumonia, suicídio, crimes passionais etc. – costumam ter uma propensão natural à longevidade. Por quê? Por causa da sua famosa "fome de viver", ora.

O único problema é que é geralmente essa fome de viver que leva à dieta de absinto com Gauloises.

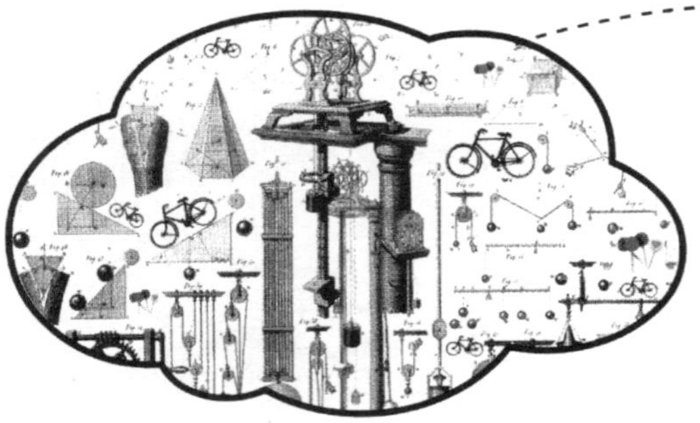

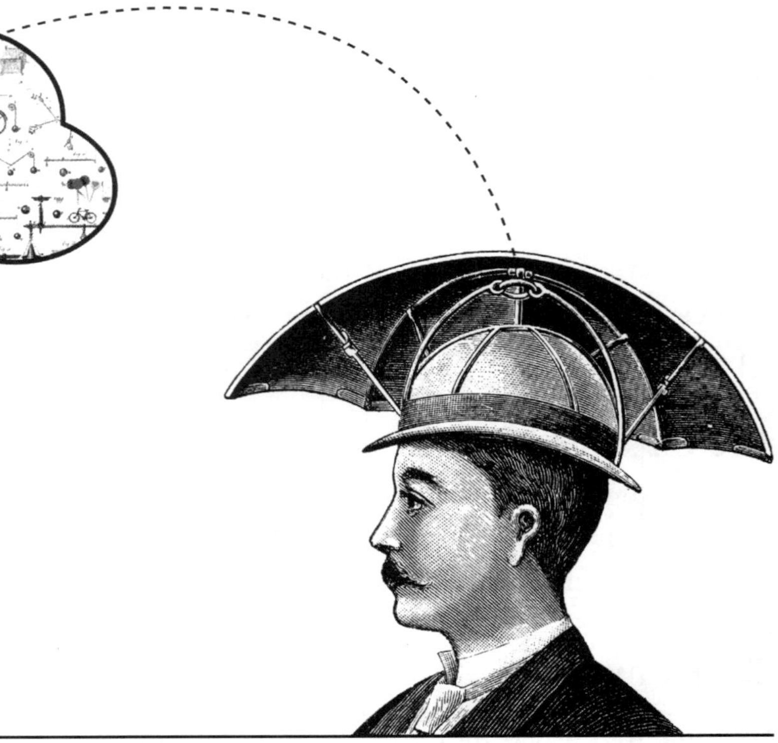

Pai Inventor

O dia ideal

O sol está brilhando, os pássaros gorjeiam nas árvores, e o único lugar no mundo onde o Pai Inventor quer estar é dentro da sua oficina.

As horas que ele gastou trabalhando no novo sistema de flanges não foram em vão – elas são peças primorosas da engenharia caseira. E a fórmula do polímero avançado, embora tenha se mostrado um pouco instável inicialmente, dá sinais de que finalmente vai funcionar. Mas com certeza o invento que mobilizará todas as atenções é o jaleco luminoso – uma ideia tão simples, tão útil e tão ecologicamente correta que deve virar febre no mundo todo.

O Pai Inventor cruza a distância entre a edícula e a casa radiante, com a certeza do sucesso. Na hora do jantar, ele faz as crianças soltarem gargalhadas dizendo coisas como: "Raul, se você não comer os seus brócolis eu sei de um robô híbrido bioeletrônico que pode fazer isso!".

A Mãe Inventora sabe que o dia seguinte será o da ida ao Escritório de Patentes, e os dois resolvem comemorar ligando o hiperorgasmofogador novo.

O dia real

Já é o quinto dia consecutivo que amanhece com geada, e um vento gelado penetra pelas rachaduras das paredes de madeira velha da oficina na edícula. As goteiras do telhado derramaram água da chuva em cima das anotações do dia anterior, deixando os gráficos completamente ilegíveis.

As flanges sumiram no meio da bagunça. O gato deu um jeito de comer o polímero novo – um composto altamente instável – e ficou entalado na portinhola. Para completar o cenário, o jaleco luminoso, que parecia o invento mais promissor da última leva, apresentou um problema grave: depois de trabalhar com ele o dia inteiro, o Pai Inventor ganhou um tremendo bronzeado indesejado.
Ao cruzar o quintal de volta para casa, ele está com frio, molhado e desanimado – mas o brilho

na pele não diminui. A Mãe Inventora comenta que se continuar alaranjado desse jeito ele vai parar na capa da revista *OK!*.

O jantar é silencioso, mas a família já sabe que amanhã não será dia de ida ao Escritório de Patentes, e sim de mais trabalho na oficina.

Vestuário

Para o dia a dia, há duas opções: ou o velho jaleco comprado nos tempos de estudante mas que ainda está perfeitamente razoável, ou então o macacão de operário que ele usava no seu primeiro emprego na indústria química há muitos anos. Mas o Pai Inventor também tem um terno, é claro – um conjunto marrom, com gravata combinando –, que ele usa quando precisa ir ao Escritório de Patentes.

Transporte

Bicicleta. Ela continua sendo uma máquina fantástica, além de ser uma boa maneira de se manter em forma. Para as idas ao Escritório de Patentes, o trem.

Petiscos preferidos

Pirulitos, confeitos Gobstopper, dropes de hortelã. Qualquer coisa capaz de durar por horas a fio de trabalho na oficina.

Expectativa de vida

Pai Inventor pode viver muitos anos. Ele é curioso, otimista e persistente – um conjunto de qualidades perfeito para garantir boa durabilidade. Uma minoria perece vítima de explosões, curto-circuitos, vazamentos de radiação ou da loucura, mas de maneira geral as estatísticas são favoráveis a esse tipo de pai.

Frases típicas:

Eureca!

Ai, droga...

Só precisa de alguns pequenos ajustes.

Minha mão está pegando fogo!

PARTE TRÊS

PAIS DE TODOS OS TEMPOS

Pais de todos os tempos

O Pai Moderno não sabe de nada – diz o Pai da Geração do Pós-Guerra. É claro que, sob certos aspectos, essa é só mais uma expressão previsível do confronto de gerações paternas que acontece desde que o primeiro pai andou sobre a Terra. Mas o fato é que o Pai Moderno realmente tem uma posição privilegiada – ele conta com poderes parentais com que os seus antecessores históricos nem sequer sonhavam, coisas como canais a cabo infantis e vídeos da Disney. Mas nem sempre foi assim.

DISCOVERY KIDS?!

O Pai Neandertal

O Pai Neandertal não dispõe de recursos como videogame, *Pequeno Pônei* ou mesmo a escola para entreter os filhos. Por outro lado, o ritmo de vida na sua época é bem mais tranquilo, e as crianças, bem menos exigentes. De qualquer maneira, na falta de escola cabe ao pai ensinar ele mesmo à prole como fazer lanças e machados de pedra, como matar animais e tirar a sua pele, como fazer fogo e defender a caverna dos ataques de lobos e ursos. Ou seja: há sempre muita coisa a fazer.

O Pai Neandertal segue a linha mais liberal na hora de educar os rebentos: sem as ameaças do Conselho Tutelar, a meninada passa o dia à solta no espaçoso quintal. Isso até a hora da caçada, é claro, porque a carne tenra deles é perfeita para servir de isca para tigres-dentes-de-sabre e outras feras. A Mãe Neandertal não gosta nada dessa prática, mas os seus grunhidos de desaprovação são fáceis de ignorar.

À noite, a coisa que mais ajuda a manter o Pai Neandertal e o seu grande cérebro aquecidos é a ideia genial que ele vem ruminando ultimamente: juntar a filha mais velha – que é até bem ajeitadinha para uma criatura proto-hominídea primitiva – com um dos novos homens de Cro-Magnon que começaram a aparecer nas redondezas, uns caras sofisticados que só vendo!

...sem as ameaças do Conselho Tutelar, a meninada passa o dia à solta no espaçoso quintal

O Pai Herói da Antiguidade Clássica

Com um Pai Herói da Antiguidade Clássica na área, tudo pode acontecer – e, o que quer que aconteça, sempre vai ser uma aventura colossal.

...quando se tem pela frente duelos com semideuses ou batalhas contra minotauros, harpias e sereias, os estudos não parecem tão importantes

Para os filhos desse pai, tédio não é problema. E nem a escola atrapalha, porque quando se tem pela frente duelos com semideuses ou batalhas contra minotauros, harpias e sereias, os estudos não parecem tão importantes.

Além do mais, o Pai Herói vive ocupado demais com os seus afazeres para se preocupar com o que as crianças possam estar aprontando. Ele tem bastante trabalho tentando apaziguar reis tiranos, flechando aves antropófagas e limpando estábulos fedorentos. Às vezes, parece que simplesmente faltam horas no seu dia.

Quando ele resolve levar as crianças para o trabalho, elas ficam praticamente sem nenhum contato com a mãe. Afinal, tudo o que esta sabe fazer é permanecer em casa encarnando a imagem perfeita da fidelidade e da credulidade. De qualquer forma, ela sabe que não há com o que se preocupar, pois seus filhos terão numerosas ocasiões de enfrentar desafios e aprender por conta própria. Passar a vida às voltas com epopeias e provações não é tão diferente de ter que encarar provas bimestrais e deveres de casa.

O Pai Romano

Por que um Pai Romano precisaria do Juizado de Menores ou do fármaco Ritalina para manter seus filhos na linha? Corridas de biga, lutas de gladiadores e leões comedores de cristãos já são ameaças eficazes o bastante para convencer os pirralhos a se comportarem direito e evitarem as más companhias.

...não faltam coisas para fazer com eles, e não há nenhum assistente social por perto para cortar o seu barato

No mais, a vida é uma beleza! A Roma Antiga é um lugar fantástico para se criar filhos: não faltam coisas para fazer com eles, e não há nenhum assistente social por perto para cortar o seu barato.

Existem, entretanto, alguns percalços da paternidade que são universais, e cedo ou tarde o Pai Romano também tem de lidar com eles. Quando chega a adolescência, por exemplo, os moleques ficam mais sujeitos a mudanças bruscas de humor e começam a destratar os escravos, condenando os pobres à morte por motivos banais.

Além disso, há as modinhas dos jovens. A filha mais velha agora meteu na cabeça que quer ser uma virgem vestal. O Pai Romano e a Mãe Romana já tentaram conversar com ela explicando o desastre que isso seria em termos dos convites para orgias, mas a menina está irredutível. O garoto decidiu que vai ser legionário e trabalhar na Bretanha. Ele diz que a paisagem e o clima de lá fazem a Toscana parecer monótona.

O consolo é que as coisas sempre poderiam ser piores... Pelo menos nenhum deles quer seguir a carreira política, e eles não decidiram casar um com o outro.

O Pai das Invasões Vikings

Quem tem um Pai Viking talvez precise aprender a aceitar montes de irmãos e irmãs filhos de mães diferentes da sua (lembrando que se você for parte da família real, na Dinamarca, provavelmente nem vai chegar a conhecer nenhum deles).

Aliás, de maneira geral, a rotina familiar é bem pouco ortodoxa. O Pai Viking passa muito tempo fora de casa, às vezes anos a fio. Em compensação, quando ele voltar – se voltar – você vai se regalar com todos os presentes de ouro maciço que uma criança poderia querer: pulseiras, grampos de cabelo, broches, colares... Tudo quanto é produto típico de uma boa pilhagem.

Mesmo quando está em casa, na sua fazenda, o Pai Viking não sossega um minuto. Sempre há uma confusão na qual ele pode se meter, um machado precisando de afiação ou um povoado próximo precisando ser saqueado.

Uma boa Mãe Viking entende que o Pai Viking precisa de uma farta rodada de hidromel com os amigos para relaxar depois de um dia de fúria e violência, mas ela não abre mão de que ele também dedique um tempo a ensinar os segredos do ofício aos seus filhos.

Se o Pai Viking estiver de bom humor, pode ser até que deixe você usar seu capacete com chifres ou que decida ensinar-lhe pessoalmente a fazer a famosa "águia de sangue" com um inimigo recém-abatido.

O Pai da Batalha de Hastings

Este pai tem a chance de dar aos filhos um dia bem movimentado.

Para sorte dos meninos, o pai é *sir* e muito amigo de Guilherme, o Conquistador, e só por isso conseguiu permissão para levar os filhos para o campo de batalha.

...depois que a ação começou foi um dia inteiro de violência ininterrupta

Não são muitas as crianças que vão poder dizer que participaram da última invasão bem-sucedida no coração da Grã-Bretanha. Na hora de atravessar o Canal, foi preciso esperar um pouco até que o mau tempo decidisse colaborar, mas depois que a ação começou foi um dia inteiro de violência ininterrupta.

Os militares mirins receberam ordens para permanecer nos navios, mas muitos se esgueiraram até a retaguarda do campo de batalha para assistir de perto às saraivadas incessantes de tiros de um lado para o outro e ver as pilhas de corpos que não paravam de crescer. Certamente foi um dia fantástico de aprendizado para todo mundo.

Em casa, na França, a Mãe *Sir* fica alegre de ver todos de volta são e salvos. As faces dela coram de satisfação quando o filho lhe estende a cabeça decepada de um inglês que levou de lembrança. Não é mesmo um amor, esse menino?

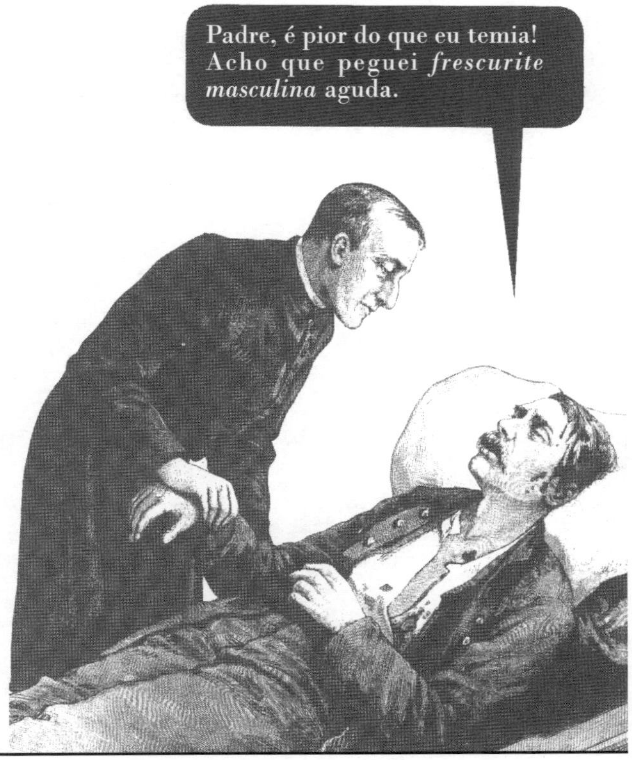

O Pai da Peste

Existem momentos em que é complicado ser pai. Quando sua cidade, sua região e seu país estão assolados pela peste é um desses momentos (fazendo você ver também que com certeza não foi uma boa ideia ter deixado as crianças ficarem com aqueles ratos como bichos de estimação).

O Pai da Peste sente na pele o desafio que é essa história de criar filhos

O ano em que metade da população local passou coberta de ínguas, ficando com a pele preta e caindo morta por toda parte não foi um período fácil para se criar filhos.

E a situação só piorou depois que a Mãe da Peste também passou desta para melhor, deixando o Pai da Peste sozinho tomando conta da prole. Apesar das tentativas que ele tem feito de conhecer gente nova e tocar sua vida em frente, o mercado amoroso anda meio parado ultimamente. Afinal, todas as mulheres saudáveis que restaram já estão com filas enormes de pretendentes à sua disposição.

Não é moleza manter as crianças de castigo em casa por 18 meses seguidos. Elas ficam inquietas demais. A roda de fiar quebrada e o chaveiro com uma chave só não adiantam muito como entretenimento. E ter que trancar os moleques um por um fora de casa logo que começam a aparecer as ínguas é ainda mais difícil.

O Pai da Peste sente na pele o desafio que é essa história de criar filhos.

O Pai Maquiavélico

A vida é dura para quem não pode confiar na própria família, e o Pai Maquiavélico planta a desconfiança no coração dos filhos usando a manipulação, a traição e – em casos extremos – a tortura.

...as crianças ainda terão o sobrenome mais bacana da escola

Na maior parte do tempo, entretanto, esse é um pai bem divertido e que garante à família os proveitos da vida na corte. Convivendo com os Bórgia, certamente todos poderão esperar boas risadas, e as crianças ainda terão o sobrenome mais bacana da escola.

Por outro lado, a vida da Mãe Maquiavélica não é nenhum mar de rosas. Quando não são os almoços conspiratórios intermináveis com outros casais ambiciosos, ela tem de aturar o Pai Maquiavélico usando toda a sua lábia para escapar da pia cheia de louça suja mais uma vez.

Mas é sempre preciso lembrar que, na sua cabeça, esse pai é um sujeito que se vê suspenso sobre um poço infinito de desespero e falta de sentido, onde o poder efêmero é a única coisa que vale alguma coisa... E essa certamente não é a melhor posição para um pai estar.

O Pai Cientista do Século XVIII

A cozinha, a sala de estar, o corredor e o banheiro do andar de baixo estão abarrotados de frascos de vidro cheios de substâncias borbulhantes, tubos de ensaio, pinças, maçaricos e mais tubos. Tudo graças ao projeto do Pai Cientista do século XVIII de tentar produzir um certo gás ainda não descoberto pelo homem.

> **Assim, quando uma das crianças é arremessada pela janela da cozinha e vai parar no meio do bosque vizinho, ninguém lança olhares acusatórios...**

Hoje, a Mãe Cientista do século XVIII deixou a maior parte dos seus 12 filhos com a avó para poder escrever o seu tratado feminista em paz. Mas dois dos menores se esconderam na hora de sair, e agora estão para cima e para baixo no corredor atirando ampolas de ácido um no outro.

Essas duas crianças são profundamente amadas por seu pai, que não haja dúvida quanto a isso. Mas, quando está com um experimento em curso, o Pai Cientista precisa manter um estado de concentração total que não lhe deixa espaço para lidar com todas as eventualidades domésticas. Assim, quando uma das crianças é arremessada pela janela da cozinha e vai parar no meio do bosque vizinho, ninguém lança olhares acusatórios nem o repreende por conta disso.

É, as coisas certamente eram diferentes naquela época. E só isso explica o fato de uma criatura ter tido 12 filhos.

Graham

Graham – com a sua tendência para rir nos momentos mais impróprios dos filmes, Graham é um sujeito lento, grandalhão e com a silhueta arredondada de um urso que mesmo assim não deixa de comprar suas roupas em lojas de equipamentos esportivos e não sai de casa sem levar a bússola ou o canivete suíço. Incapaz de manobrar o carro até mesmo na mais larga das ruas, o maior medo de Graham é ter que dirigir na região montanhosa de Lake District.

O Pai da Revolução Francesa

Ao lado do Pai da Revolução Francesa, a vida já começa movimentada.

O passatempo que une a família é odiar a aristocracia, e todos vão juntos assistir às decapitações

Para crianças que vieram ao mundo como camponeses queixosos sem qualquer esperança de ter uma existência melhor, poder participar ao lado do pai da queda da Bastilha realmente é uma experiência e tanto.

Isso sem falar das horas discutindo política nas mesas dos cafés e do clima de empolgação por ocasião do anúncio da nova Declaração dos Direitos Humanos. A Mãe da Revolução Francesa, por sua vez, não se cansa de contar e recontar a história da marcha para Versalhes. E as crianças ainda têm bolos e mais bolos para comer. Que delícia! Isso, sim, é que é diversão.

O passatempo que une a família é odiar a aristocracia, e todos vão juntos assistir às decapitações.

Mas, no final, a pressão para denunciar torna-se irresistível. Quando as crianças entregam o pai às autoridades, essa família enfim pode completar o seu ciclo como uma vaga metáfora da revolução.

O Pai Puritano

Ser filho do Pai Puritano tem um lado bom e um lado ruim.

O lado bom é que provavelmente você vai conseguir um passaporte para o Céu, se essa for a sua intenção. E o lado ruim é que, durante a permanência aqui na Terra, esse pai irá fazer de tudo para que você se comporte.

O problema não é tanto o desejo que não dá trégua ou a pregação constante dentro de casa, mas sim o fato de que o Pai Puritano nunca vai aceitar qualquer namorado ou namorada que você apresente à família, por mais perfeito que ele ou ela seja, até que as alianças estejam devidamente trocadas. Esse velho não dá moleza.

A sua prole aprende desde cedo que é de pequenino que se torce o pepino. A vida na família do Pai Puritano será sempre austera, e as crianças deverão passar boa parte do seu tempo na igreja e/ou lendo a Bíblia. O consolo é que terão poucas chances de querer fugir para se filiar a alguma seita.

A intensidade do Pai Puritano o transforma num sujeito difícil de amar, e atender suas expectativas é igualmente custoso. Além disso, a fixação que ele tem pelo pecado e pelos males da carne é um pouco maçante. E certamente não é a ele que você vai poder recorrer para esclarecer as suas dúvidas sexuais quando elas aparecerem.

...a fixação que ele tem pelo pecado e pelos males da carne é um pouco maçante

O Pai da Revolução Industrial

Uma invenção genial é tudo de que o Pai da Revolução Industrial precisa para ser feliz. Mas, não importando o quanto ele se esforce e o quanto esbanje a herança da esposa em arruelas e ferros de solda, nada parece funcionar:

- A tosquiadora operada pela tração de ovelhas foi um fracasso retumbante.
- O motor operado pela força da gravidade nunca saiu do chão.
- O forno-microscópio não vendeu.

A patroa já está farta da casa cheirando a enxofre e dos gritos de "Querida, eu vi o futuro e ele tem forma de ovo!", e decidiu buscar para si uma vida menos instável e sujeita a altos e baixos.

Se ele um dia conseguir acertar, o invento desse pai irá revolucionar a vida das pessoas e acelerar o progresso econômico. Mas, até que isso aconteça, ao menos ele tem as crianças para mandar trabalhar nas fábricas sempre que o dinheiro fica curto.

"Querida, eu vi o futuro e ele tem forma de ovo!"

O Pai Contrabandista

É como dizem por aí: filho de Pai Contrabandista ninguém leva no bico.

E isso é verdade. O Pai Contrabandista é uma espécie de versão costeira do especialista na "sabedoria das ruas".

A amada do Pai Contrabandista tem circunferência de sobra na cintura e dentes faltando, e é pouco confiável e malcheirosa na mesma medida. Assim como o marido, ela domina surpreendentemente bem várias línguas europeias e tem uma visão noturna acuradíssima; é capaz de suportar mais álcool do que muitos homens e de servir de lastro para um bote carregado de barris de uísque. Uma mulher e tanto!

As grutas, os desfiladeiros, os esconderijos. É o domínio deles que esse pai passa para os filhos. Isso além de uma indiferença total à lei e do hábito de desconfiar *a priori* de qualquer forasteiro que apareça.

O filho de um Pai Contrabandista só bebe rum e só fuma charutos cubanos legítimos. Vive pobre, mas feliz (e geralmente bêbado e com uma tosse de cachorro).

O Pai Contrabandista é uma espécie de versão costeira do especialista na "sabedoria das ruas"

O Pai do Velho Oeste

O Pai do Velho Oeste pertence a uma destas duas categorias: o Pai Xerife e o Pai Fora da Lei.

O Pai Xerife vai lhe ensinar a atirar em linha reta e a se sair bem em confrontos com ladrões de gado

O Pai Xerife é um tipo de pai bem importante, já que tem a missão de ser pai *e* de defender a lei *e* de manter o Pai Fora da Lei longe da cidade, tudo ao mesmo tempo. O Pai Xerife e o Pai Fora da Lei são, obviamente, imagens espelhadas um do outro – e normalmente cumprem destinos igualmente interligados.

Mais cedo ou mais tarde, eles acabam frente a frente para um duelo. As apostas em um lado ou em outro dividem a cidade, mas com o seu queixo partido e o andar aprumado, o Pai Xerife já chega com pinta de vencedor.

Como pais, ambos estarão atentos à questão da presença de armas de fogo perto de seus filhos.

Com um Pai Fora da Lei, você terá mais chances de obter permissão para portar sua arma na colônia de férias dos Fora da Lei e de aprender a montar depressa no cavalo para as ocasiões em que precisar sair do *saloon* às pressas, por exemplo. Mas também estará mais propenso a levar um tiro dele numa noite de bebedeira.

O Pai Xerife vai lhe ensinar a atirar em linha reta e a se sair bem em confrontos com ladrões de gado. E, apesar de ser eternamente cortejado pela *madame* mais linda da cidade, você poderá ter certeza de que ele nunca vai abandonar a Mãe do Velho Oeste. Ele não é esse tipo de sujeito.

O Pai Pé de Trincheira

O carteiro entrega um postal. É do Pai Pé de Trincheira, e traz a data de 21 de julho de 1916. Os pequenos ficam em polvorosa, e não se cansam de pedir que leiam a mensagem para eles repetidamente.

> **É uma pena que quando esse pai volta para casa de licença o grande interesse do seu filho seja só saber quantos alemães ele matou em combate**

Mas o cartão não diz muita coisa. A informação mais importante é que ele está vivo, que sobreviveu ao pior dia na história do Exército Britânico.

As crianças não entendem por que o postal faz a sua mãe chorar tanto, mas a lembrança do choro dela fica gravada profundamente na sua memória.

O Pai Pé de Trincheira tem que lutar sob as piores condições imagináveis, e o fato de estar afastado da esposa e dos filhos só piora ainda mais o seu sofrimento. É uma pena que quando esse pai volta para casa de licença o grande interesse do seu filho seja só saber quantos alemães ele matou em combate.

Bem, mas isso não tem importância. Crianças são assim mesmo, afinal.

E, além do mais, é reconfortante para o sujeito poder ficar debaixo de um teto sólido depois de três meses no front. Ele só espera que os próprios filhos não tenham de enfrentar outro conflito mundial de proporções semelhantes dali a vinte anos.

Só que as suas esperanças serão em vão.

O Pai da Lei Seca

Quando se tem de gerenciar a venda ilegal de bebidas alcoólicas num porão encardido e enfumaçado, manter crianças por perto pode ter sua utilidade – elas costumam atrair uma clientela mais familiar.

> **O Pai da Lei Seca só precisa ter cuidado para que os filhos não tomem gosto pela birita cedo demais**

Enquanto está por lá, a meninada ainda pode ajudar a receber os clientes, recolher e lavar os copos, esvaziar cinzeiros, trocar os barris de bebida e ficar de olho nas batidas ocasionais dos tiras. E elas também são ótimas para limpar aqueles cantos do porão difíceis de alcançar.

Para os pequenos, será uma experiência enriquecedora conhecer e conversar com todo tipo de criminoso. Assim eles poderão decidir melhor em qual das três áreas vão querer atuar quando crescer: aliciamento, contabilidade ou produção da bebida ilegal. Os meninos se sentem seguros; afinal, o pai está logo ali atrás do balcão conversando com o prefeito e o chefe da polícia local. E o séquito de moças de reputação duvidosa que vive atrás do velho os enche de orgulho.

O Pai da Lei Seca só precisa ter cuidado para que os filhos não tomem gosto pela birita cedo demais, para que não sejam mandados pelos ares numa explosão de cervejaria clandestina nem resolvam bater com a língua nos dentes e dedurá-lo para os federais.

O Pai Espião da Guerra Fria

Os encontros com o Pai Espião da Guerra Fria só poderão acontecer em casas previamente inspecionadas, e ele sempre tomará o cuidado de deixar o chuveiro ligado e ficar espreitando a rua por trás da cortina enquanto conversa com você.

...o Pai Espião da Guerra Fria reaparece do nada e toca a campainha de casa ostentando um nariz novo, um bigode à Omar Sharif e o nome de Yuri Dunfogiev

Os presentes de Natal e de aniversário terão de ser pegos em locais combinados, ou então trocados por outros presentes idênticos de Natal e de aniversário no banco de um parque. Nesses encontros, o Pai Espião da Guerra Fria não faz contato visual, e provavelmente estará fumando sem parar alguma marca de cigarro importado. E quando ele telefonar será de uma cabine de rua, a mesma de onde ele ainda insiste em ligar para a Alemanha Oriental.

Esse tipo de pai é um sujeito misterioso, mas muito íntegro e amoroso, e costuma ter uma queda por capas de chuva beges e bigodes ralos.

Quando em uma noite ele não volta mais para casa, a situação fica difícil para as crianças e para a Mãe Espiã da Guerra Fria. Até que, passados vinte anos, o Pai Espião da Guerra Fria reaparece do nada e toca a campainha de casa ostentando um nariz novo, um bigode à Omar Sharif e o nome de Yuri Dunfogiev.

O Pai Espacial

Todas as crianças morrem de inveja dos filhos do Pai Espacial. Ele é uma figura tão rara! Um verdadeiro supertrunfo do baralho dos pais, difícil de a meninada conseguir igualar.

...o Pai Espacial sempre quer sua comida em pacotinhos congelados a vácuo...

Esse pai é um dos mais inteligentes e em melhor forma física que existem, mas também um dos mais *nerds* e dos que tendem a ter o pior corte de cabelo – passar tanto tempo de capacete acaba com o volume dos fios.

Mesmo sentindo grande orgulho do marido que tem, a Mãe Espacial geralmente se irrita na hora das refeições, porque o Pai Espacial sempre quer sua comida em pacotinhos congelados a vácuo, e de preferência totalmente processada.

O grande problema do Pai Espacial é que, qualquer que seja o assunto da conversa, no final ele sempre vai dizer: "É, mas no espaço as coisas são diferentes". Além disso, é arriscado demais sair de carro com ele, porque o sujeito vive com o olhar perdido no céu.

No mais, a convivência com ele é gostosa. O Pai Espacial tem uma aura que faz você sentir que ainda vai voar muito alto na vida.

Pai, seu jantar está pronto!

PARTE QUATRO

QUEBRA-CABEÇA FAMILIAR

O QUEBRA-CABEÇA FAMILIAR

Nenhum pai é uma ilha. Um pai é parte de uma rede de relacionamentos familiares, uma teia de dependência mútua, um diagrama de pontos e linhas que representam as pessoas e as conexões que existem entre elas. E é por isso que o pai às vezes tem de mudar de papel – ele certamente continua sendo pai, mas talvez também seja um filho, um irmão ou até mesmo um marido. Se você quiser compreender profundamente o seu pai, talvez seja útil examinar o comportamento dele nos outros papéis que desempenha.

O Grande Irmão

Pais muitas vezes têm irmãos e irmãs, e esses irmãos e irmãs são mais conhecidos como tios e tias.

Tios e tias existem para comprar presentes extravagantes de Natal e de aniversário para seus sobrinhos e sobrinhas. Muitas vezes, eles moram em lugares distantes, ou então são considerados excêntricos ou, de alguma maneira, uma presença não desejável.

"O tio Bernardo me deixou pilotar o avião... Pai, por que você não é piloto de avião?"

Mas o principal é que esses caras veem o seu pai não como pai, mas sim como irmão deles.

E trazem consigo uma interminável bagagem afetiva recheada de casos mal resolvidos, disputas e cumplicidade, brigas e tréguas, hostilidade e felicidade.

É verdade que muitos pais se dão bem com seus irmãos, e que o passado que eles têm em comum os ajuda a se sentirem seguros e conectados à rede familiar.

Mas nem sempre é assim.

Existem certas coisas que podem dificultar o bom relacionamento do pai com os tios e as tias. Imagine como deve ser para um pai – preso a um emprego burocrático de escritório, afogado em dívidas até o pescoço e lutando para pagar as contas todo mês – saber que o irmão dele, que sempre foi o rebelde da família, a mais negra das ovelhas negras, a ovelha que saiu de casa aos 16 anos e foi a causa de muita ansiedade e brigas familiares, agora é uma ovelha que aparece toda noite na TV em uma novela que o pai odeia com todas as suas forças, mas que parece estar rendendo para o tio em questão um salário indecentemente alto.

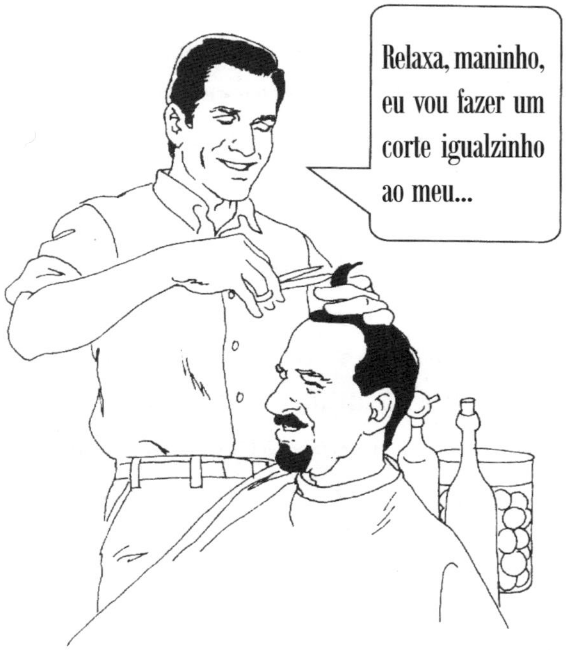

É, a rivalidade entre irmãos com certeza pode afetar um pai, sobretudo se ele próprio for irmão de alguém. O grande problema de ter irmãos irritantemente bem-sucedidos é que eles podem ofuscar o pai das maneiras mais inesperadas.

Um pai certamente gosta de ver os filhos felizes, mas isso não quer dizer que lhe agrade ver o seu menino vibrando de entusiasmo ao contar: "Pai, a tia Rose me levou para o set de filmagem e me apresentou ao Steven Spielberg. Ele me deixou mexer na claquete, me deu um boné e falou que se eu voltar na semana que vem vou poder fazer uma figuração vestido de alienígena!".

E muito menos ouvir: "Pai, o tio Bernardo me deixou pilotar o avião no meio da viagem! Pai, por que você não é piloto de avião?".

Às vezes simplesmente não há como competir. E talvez seja melhor aceitar isso de uma vez e pronto.

Afinal, por mais que a tentação de ir à forra e armar algum tipo de vingança seja grande, o problema é que a vingança muitas vezes se volta contra o vingador.

Ter que ouvir coisas como:

"Ô pai, eu comentei com o tio Bernardo aquela história de que ele amarrou o gato de vocês a um rojão e pôs em cima do skate quando era pequeno e ele falou que foi você que fez isso!",

ou:

"Pai, a tia Rose falou que é normal uma mulher não querer se casar e que você não devia se meter na vida dos outros desse jeito!"

não vai ajudar a melhorar a situação.

A única coisa que você vai conseguir é que as crianças acabem com raiva porque os tios e as tias não estão mais comprando presentes caros com a mesma frequência de antes. Às vezes, tudo o que resta a fazer é o pai trincar os dentes, forçar um sorriso amarelo e dizer: "É, o tio Bernardo é um cara incrível mesmo".

Ou pode acontecer também o problema inverso, quando os tios e as tias não são tão bem-sucedidos assim (ou seja, são uns tremendos fracassados). Sob um certo aspecto, a presença deles não será tão desestimulante para o pai. O tio Bernardo vive pulando de subemprego em subemprego, e a cada três meses, mais ou menos, aparece para uma visita cheirando a bebida e querendo 300 pratas emprestadas para apostar numa barbada certa na corrida de cavalos.

A tia Rose, ninguém entende mais. Ela está indo feliz para o quinto casamento agora, deixando um rastro cada vez mais amplo de filhos e enteados pelo caminho.

Nesses casos o pai certamente não se sente ofuscado, mas pode sentir-se desapontado, com a reputação familiar manchada e penalizado financeiramente. A pressão da família de origem será sentida com mais força pelo pai se houver alguém puxando a turma toda para baixo.

"Ô pai, eu comentei com o tio Bernardo aquela história de que ele amarrou o gato de vocês a um rojão e pôs em cima do skate quando era pequeno e ele falou que foi você que fez isso!"

Tony

Tony – visto com mais frequência na região de Gales e nas cidadezinhas de Cheshire. Ele é um sujeito moreno e rotundo, exuberante por natureza e que provavelmente estará exibindo pelagem facial de algum tipo – o que pode variar desde uma barba por fazer mais sutil até, no caso do Tony maduro, um volumoso bigode. O Tony típico gosta de usar blazer (de abotoamento simples, fenda dupla), calça social de cintura alta com cinto ou (nos finais de semana) um modelo de sarja com bolsos grandes. Nos pés, embora não seja o mais aconselhável para sujeitos corpulentos como ele, Tony sempre usa mocassins.

A FAMÍLIA DA MÃE

E veja só o que é ainda mais estranho:
O pai tem irmãos, irmãs e pais que não são seus irmãos, irmãs e pais de verdade (e isso acontece duas vezes no caso de ele ser adotado).

Essa é a **família da mãe.**

O nome em si já soa como algo que não pode ser bom, uma espécie de xingamento mesmo.

O motivo que faz com que as relações com a família do cônjuge possam ser difíceis (e de fato historicamente são mesmo) é que no caso dos parentes de sangue você teve muitos anos de convivência e descoberta prévia e já existe um certo clima de acomodação simbiótica, o que não acontece no relacionamento com sogros e cunhados.

Quando se casa com o amor da sua vida, com a pessoa que ele com certeza quer ter para sempre ao seu lado, o pai leva de lambuja uma nova família, que provavelmente ele não conhece direito e na qual, para falar a verdade, ele mal reparou quando se apaixonou perdidamente pela sua amada.

Família da mãe... O nome em si já soa como algo que não pode ser bom

A nova mãe é aparentemente simpática e o trata bem, mas no relacionamento com ela sempre haverá uma carga velada de desapontamento, desaprovação e, com muita frequência, ceticismo mesmo.

O novo pai, de modo geral, não consegue disfarçar a sua desconfiança. Desconfiança essa que muitas vezes irá descambar para hostilidade, ataques verbais e tendência a menosprezar quaisquer progressos que o pai faça na vida.

Já o relacionamento do pai com cunhados e cunhadas é imprevisível, podendo variar entre o agradável e o aberrante. O desfecho mais perigoso entre todos os desfechos perigosos possíveis é que o pai venha a sentir uma queda pela cunhada.

Quando isso acontece, os delicados fios dourados que ligam o pai à sua outra família transformam-se numa teia terrível que arrasta a todos para uma espécie de vórtice central do turbilhão emocional familiar.

Sem querer soar moralista de forma alguma, cabe dizer que é francamente imoral que um pai leve adiante seus eventuais desejos pela consorte do seu cunhado.

O pai precisa zelar pelo seu status junto à própria família, afinal. E ser flagrado pelo filho debaixo do edredom com a tia do menino é um acontecimento que tem boas chances de arruinar todo o respeito que essa criança sente pelo pai.

A família da mãe é mais do que apenas família.

Ele ainda é o meu bebê

De uma coisa ninguém pode esquecer: pais também têm pais.

E mães.

Eles continuam sendo filhos.

Embora passem a maior parte do tempo, ao menos superficialmente falando, dizendo aos outros como as coisas devem ser, os pais igualmente ainda ouvem ordens sobre o que devem ou não fazer.

E, por estranho que pareça, na maioria das vezes é daí que eles extraem a sua sabedoria – da experiência própria. O pai sabe como a coisa toda funciona; ele já passou por tudo isso. E, diga-se, continua passando. Ainda existe alguém na vida dele cuja aprovação ou desaprovação pode fazer toda a diferença.

O pai ainda pode ser:
• Um garoto malcriado, um bobo, um criançÃ£o.

A vovó até hoje diz a ele coisas como:
• "Não ponha o dedo no nariz, querido".

E o vovô diz:
• "Você pagou quanto por isso? Ficou maluco?".

Tirando a mãe, eles são as únicas pessoas que podem dizer essas coisas ao pai impunemente.

E o pequeno aprendiz de pai que eles têm em casa, sempre em busca da própria iluminação paternal, ficará atento à maneira como o pai reage à vovó e ao vovô.

Filho de peixe, peixinho é – você sabe como funciona. Aprendizado por imitação.

Será que o pai consegue permanecer confiante no seu papel como tal, ou será que vez por outra ele ainda resvala para uma regressão infantil que deixa a mãe irritada a ponto de morder as pontas do cabelo e começar a chamá-lo pelo seu nome de batismo?

A transformação de um sujeito em pai tem tudo para ser um momento significativo de libertação. Não só ele está adotando um novo papel na vida, como tem a chance de abandonar o antigo.

Mas na prática nem sempre é tão simples. Se o pai continua mostrando ao próprio pai seus extratos bancários e as planilhas do orçamento doméstico, isso é um sinal de que talvez ele não tenha cortado os laços que deveria. E o mesmo vale para atitudes como reproduzir para a mãe comentários pessoais da própria mãe – observações sobre a limpeza da casa e a respeito de sua feminilidade ou qualidades maternais.

Destruidor de corações

Antes de todo pai ser pai, ele é um amante.

É possível que isso tenha acontecido apenas uma vez, pois a maioria dos pais acomoda-se depressa demais à vida familiar. Ou eles se casam, ou decidem coabitar com alguém em pecado mesmo.

De qualquer forma, é bem possível que o pai tenha tido uma vida pregressa, um tempo em que ele era não o pai e sim o conquistador da mãe. Por mais que seja difícil para seus filhos imaginarem esse tipo de coisa.

Pai e mãe, afinal, são só pai e mãe: aquelas duas figuras neutras que perguntam como foi o dia na escola e lhe dão licença para sair da mesa, que têm tudo para estar no extremo oposto de um casal ardente tomado por uma paixão animalesca incendiadora de lençóis.

Ora, mas é justamente isso que eles são. Ou ao menos já foram um dia. E – conhecendo o pai – é bem possível que ainda haja um resquício disso em algum lugar.

PARTE CINCO

O EVANGELHO SEGUNDO O PAI

O EVANGELHO SEGUNDO O PAI

Um pai experiente terá muito a passar para o novato. Para começar, por exemplo, toda a experiência acumulada. Todos os terrores e as lágrimas, desde a infância até a chegada da vida adulta. E também todos os grandes marcos conquistados com honra: a catapora, os campeonatos de natação, os membros engessados, as reuniões de escola. Se é verdade que a vida das crianças é uma sucessão de fases, a mesma coisa vale para os pais: eles atravessam fases diversas em reação às fases de seus filhos. E pagam um preço emocional por isso que, entretanto, pode ter descontos. Saber ser um bom pai é algo que requer um kit de ferramentas complexo. Mas não tenha medo – esse conhecimento pode muito bem ser repassado por escrito. Portanto, sem mais delongas, aqui está toda a verdade saída diretamente da boca do pai.

O Credo

Eu sou um pai. É assim que me vejo; é isso que eu sou. É o que eu vivo, o que eu respiro a cada dia, o que eu amo. E eu tenho orgulho da seriedade com que abraço meu papel. Se alguém chegar para mim na rua e me perguntar qual o sentido disso tudo, eu não hesitarei um segundo para dar a resposta: é tudo em nome das crianças. E é isso mesmo. Para as crianças. As minhas crianças. Porque eu me dedico a criá-las como devem ser criadas.

Amém.

ANDANDO E FALANDO

Sem dúvida as crianças ficam mais interessantes depois que aprendem a se deslocar decentemente e a tagarelar por aí.

Mas, uma vez que elas estejam bamboleando sobre duas pernas e fazendo as perguntas mais estapafúrdias, você pode ter certeza, meu amigo, de que terá trabalho dobrado.

O que você vai fazer com esses montinhos tagarelantes de diversão? A resposta é simples: interagir com eles.

Não tire o olho um segundo de uma criança que esteja aprendendo a andar, porque elas têm uma propensão irresistível a se lançar de cara em cima de qualquer objeto pontiagudo que veem pela frente.

Você tem de acompanhar de perto o seu bebê durante todo o tempo em que ele estiver naquela fase do caminhar bamboleante de Frankenstein. Estenda a mão para que ele tenha apoio na hora de dar esses primeiros passos.

Ou então, se a ideia de levantar da poltrona a cada cinco minutos não lhe parece atraente, você pode estender pela casa uma série de cabos a mais ou menos 45 centímetros do chão para que os pequenos tenham onde segurar-se em suas primeiras experiências com o caminhar sobre duas pernas.

Com relação ao início da fala, o ponto-chave são os palavrões. Definitivamente, você vai ter de segurar a língua. Uma boa maneira de conseguir isso é imaginar que a sua avozinha está o tempo todo ao seu lado.

Da mesma forma que você provavelmente não gostaria de despejar xingamentos estando na frente dela, também não vai querer fazer isso diante dos filhos pequenos.

Mas é melhor tratar de se controlar de verdade, porque antes mesmo que você termine de proferir um "p... q... p..." – daqueles ditos com a boca bem cheia – as crianças já terão decorado a novidade.

E se há uma coisa que eu acho deprimente é ver um moleque de 2 anos recitando obscenidades perante um grupo de senhoras em pleno shopping center.

Só não se esqueça de parar de imaginar a avó ao seu lado depois que o pequeno tagarela estiver na cama; porque, se você não fizer isso, a coisa vai ficar meio esquisita.

Vovó

Hora de comer

Em casa

Mesmo depois que o som dos passinhos diminutos já for mais do que familiar para todos e que o tempo do peito e das mamadas já tiver sido encerrado (para a criança, bem entendido), é muito provável que a hora das refeições na sua casa jamais volte a ser o que era.

É espantoso verificar o tempo que as crianças demoram a aprender a usar satisfatoriamente os talheres. Elas são verdadeiros desastres à mesa.

Até mesmo depois da chegada da adolescência você não estará a salvo de um ocasional garfo catapultado ou de um copo de suco atirado ao chão em meio a um ataque de fúria.

O café da manhã transforma-se numa gincana enlouquecida para conseguir que os pequenos fiquem apresentáveis para a escola e alimentados ao mesmo tempo.

Embora você talvez tenha planos de servir-lhes um saudável mingau salgado e torradas levemente amanteigadas com uma camada de geleia orgânica de laranja, os pestinhas exigirão a marca mais cara, mais açucarada, mais divulgada nos comerciais de TV e mais lotada de brindes de cereal matinal que houver no mercado.

E – a menos que você seja um pai com poderes sobre-humanos ou que a mãe incuta um pouco de disciplina nessas crianças – é exatamente isso que será servido a elas.

As demais refeições serão igualmente verdadeiras guerras de nervos.

Depois que completam a fase de introdução dos alimentos sólidos, humanos em miniatura começam a se mostrar ultrasseletivos a respeito daquilo que aceitam ou não comer. E, à medida que a seletividade aumenta, o caos à mesa se amplia.

A mãe, que passou horas na cozinha preparando uma bela comida caseira e saudável para os pequenos, fica seriamente deprimida quando os vê trancarem os lábios, virarem a cara e começarem a gritar em tom impressionantemente agudo que só querem macarrão de pacote e nuggets. E quando ela fica deprimida... É, um pai precisa ter uma estratégia na manga para fazer seus filhos comerem os legumes.

Simplesmente misturá-los com o resto da comida nem sempre dá certo. Há quem apele para os corantes comestíveis para evitar que as crianças deixem de lado os famigerados "verdinhos".

Há quem apele para os corantes comestíveis para evitar que as crianças deixem de lado os famigerados "verdinhos". Devo confessar que considero isso meio desonesto... Prefiro passar logo para o suborno puro e simples.

Devo confessar que considero isso meio desonesto... Prefiro passar logo para o suborno puro e simples.

Na minha experiência, eu comprovei que, desde a mais tenra idade, as crianças reagem muito bem ao dinheiro. Só lembre que é preciso usar quantias pequenas de cada vez, e sempre entrar numa barganha já tendo em mente um limite previamente estabelecido.

Outra opção é "empacotar" os alimentos críticos – meter o espinafre dentro do ravióli e coisas do tipo. De qualquer forma, esteja preparado para lidar com dificuldades à mesa até o dia em que seus herdeiros finalmente deixarem o ninho.

Comendo fora

É uma operação arriscada. Até mesmo a criança com a criação mais linha-dura tem boas chances de surtar dentro de um restaurante.

A comida será diferente daquela a que os pequenos estão habituados em casa e o ambiente oferece a eles possibilidades infinitas de exploração.

Garçons carregados de pratos, carrinhos com travessas fumegantes e amplas portas de vaivém são como ímãs irresistíveis para quem tem menos de 5 anos.

O lado bom é que as pessoas costumam ser razoavelmente benevolentes com o que as crianças dessa idade aprontam em restaurantes. À medida que elas crescem, o problema passam a ser os ataques de mau humor e/ou grosseria.

Apelar para o bom senso no caso dos adolescentes sempre é uma tentativa válida. Às vezes, entretanto, o fedelho simplesmente precisa ser colocado no seu devido lugar. Vire-se calmamente para a garçonete e diga:

"Ele está chateado assim porque soube que vai repetir de ano pela terceira vez".

Ou:

> "Ela ficou enjoada porque acaba de descobrir de onde vêm os bebês".

COMPORTAMENTO

Não vai demorar muito para que os seus lindos bebezinhos gorgolejantes, alçados a uma nova liberdade depois que aprenderam a caminhar e a falar, se transformem em pequenos psicopatas furiosos e autocentrados.

Entre os curtos momentos de sorrisos e a hora em que despencam de sono no seu colo com os olhos vermelhos e injetados, eles começam a morder, a chutar, a arrancar coisas e bater nas pessoas, a espernear e jogar-se no chão. Todos os comportamentos, em suma, que poderiam ser esperados de um ser completamente egocêntrico.

E a sua missão será transformar o pequeno selvagem em um ser atencioso, ponderado e social. O que – não por acaso – soa como uma tarefa pra lá de hercúlea.

A parte das mentiras chega a parecer engraçada no início. Eles são péssimos mentirosos! Quando você flagrar seu anjinho coberto de tinta dos pés à cabeça ao lado de um autorretrato de um metro de altura na parede do quarto, que ele jura que não sabe como foi parar lá, precisará de muita concentração para não cair na gargalhada.

E fique sabendo que será preciso dizer mais de uma vez que socar o nariz do Arturzinho e roubar os brinquedos dele não é uma atitude legal

À medida que eles crescem e as mentiras ficam mais sofisticadas, é provável que você se pegue algumas vezes admirado com a capacidade imaginativa do seu rebento.

É claro que sempre é possível – com muito trabalho duro e paciência – criar um ambiente de total sinceridade e abertura, um clima familiar no qual os seus filhos sintam-se realmente estimulados a partilhar seus pensamentos e sentimentos. Isso existe, acredite.

Mas, como eu disse, é algo que requer esforço. E, para ser franco, eu nunca entendi por que meus filhos não poderiam viver no mesmo estado conveniente de autoengano que as outras pessoas todas.

Em muitas famílias, a maior fonte de dores de cabeça é o comportamento dos irmãos uns com os outros.

Aturar aquela história de "foi ele que começou!/não, foi ele!" repetida o tempo todo pode ser bem exaustivo. E fique sabendo que será preciso dizer mais de uma vez que socar o nariz do Arturzinho e roubar os brinquedos dele não é uma atitude legal.

Você vai ter que repetir esse mantra incansavelmente por anos a fio até que consiga perceber os primeiros efeitos práticos.

O risco aqui (o que muitas vezes acontece mesmo) é que os irmãos acabem brigados de vez, com uma relação fria e distante depois que se tornarem adultos.

Não há necessariamente muita coisa que você possa fazer quanto a isso. Eles são o que são e ponto. O melhor que pode ser feito é esforçar-se para que a família se mantenha unida ao menos enquanto todos viverem debaixo do mesmo teto.

Se eles continuarem amigos quando chegarem aos 18 anos, haverá boas chances de que sigam assim. Mas depois que tiverem saído de casa (como com todo o resto), tudo vai depender das decisões que eles próprios tomarem.

Bichos de estimação

Ter um animalzinho de estimação é uma opção a se pensar para crianças a partir dos 5 anos de idade. A convivência com os bichos desperta o que há de melhor e de pior nas crianças.

O melhor é que elas vão querer amar e se importar com uma outra criatura que não elas próprias. E o pior é que elas vão querer amar e se importar sem que isso signifique pôr a mão na massa para limpar, alimentar, dar água, levar para passear e tudo o mais que for necessário para manter a criatura em questão.

Embora permitir que as crianças tenham um bicho de estimação possa acabar sendo trabalhoso para você, a presença deles em casa cria oportunidades para passar aos pequenos ensinamentos de vida valiosos. Como a importância de cumprir tarefas e ter responsabilidades, para começo de conversa.

Animais também são bons para ensinar às crianças sobre os fatos da vida, em especial os relacionados à procriação e à morte. A presença deles motiva questionamentos importantes. Esteja preparado para ouvir, sem aviso, coisas como:

"Pai, a Josefina está brincando de levar o Norberto na garupa!".

Ou:

"Olha lá como o Reginaldo tá dormindo esquisito... ele ficou todo duro e gelado na gaiola". Você pode aproveitar essas conversas espontâneas para explicar às crianças tudo sobre as abelhas e os passarinhos sem precisar envolver mamãe e papai (e as imagens um tanto desagradáveis que costumam acompanhar essa menção) na história. Mas lembre-se: será preciso uma boa dose de tato e sutileza para passar a mensagem de maneira eficaz. Você precisará dosar a quantidade de informações de acordo com a maturidade emocional das crianças em questão.

"É assim que os porquinhos-da-índia se abraçam quando gostam muito um do outro" pode ser uma explicação suficiente, dependendo do caso.

Já outra criança talvez precise ouvir algo como: "Bem, a Josefina está no cio, e quando o Norberto sente isso ele fica excitado e tenta se acasalar com ela. E aqueles rosnados que você ouviu são só uma forma que os papais..., quero dizer, os porquinhos-da-índia têm de expressar um certo tipo de felicidade".

Recapitulando: ter um bicho de estimação pode ser uma coisa boa para o desenvolvimento da molecada que você tem em casa, mas tudo vai depender da idade das crianças e das condições de moradia da família.

Pode parecer sinal de status para uma família que vive num quarto e sala do conjunto habitacional criar um pit-bull no banheiro ou uma píton asiática no guarda-roupa, mas o meu conselho é não optar por nada muito radical logo de cara.

Comece do começo.

Hamsters e camundongos não exigem muito em termos de manutenção e já são úteis para familiarizar as crianças com a dura constatação de que uma criaturinha tão pequena e fofa é perfeitamente capaz de arrancar uma unha sua a dentadas se você não tomar cuidado.

Ter uns dois roedores de pequeno porte numa gaiola também o ajudará a avaliar sem muita confusão se a sua pequena Alice já está pronta ou não para assumir essa responsabilidade.
Até porque, caso ela não esteja, esses bichos não duram muito tempo mesmo.

A etapa seguinte serão os coelhos e os porquinhos-da-índia. Esses exigem um pouco mais de cuidados (e vivem mais tempo também) e arrancam um pouco mais de sangue com as suas mordidas.

Gatos e cachorros, obviamente, estão no alto dessa escala, uma vez que interagem com os humanos da maneira como os anos de exposição à ficção infantil ensinaram os pequenos a esperar de qualquer coisa peluda.

Felinos não exigem grandes cuidados e atenção, mas por outro lado só interagem quando e se lhes apetece.

Os cachorros ganham pontos por causa do entusiasmo e da lealdade, embora precisem ser levados para passear com frequência. E você pode ter certeza de que essa tarefa vai acabar sobrando para você mesmo – o seu filho não terá idade para se comprometer com nada além dele próprio durante mais ou menos todo o tempo de vida que um cachorro costuma ter.

"É assim que os porquinhos-da-índia se abraçam quando gostam muito um do outro"...

Bicicletas

O que é uma bicicleta?

A bicicleta não é apenas um meio de transporte econômico para distâncias curtas, mas sim uma bela peça de engenharia de precisão capaz de inspirar a imaginação das mentes mais jovens. A bicicleta é um bem que costuma conferir as sensações de liberdade, aventura, destreza e responsabilidade ao seu pequeno dono; a bicicleta é o objeto místico que estreita o laço entre pais e filhos enquanto eles tomam parte em um rito de passagem informal, mas importante, que jamais será esquecido. E isso vale até mesmo para aquelas bicicletinhas cor-de-rosa com enfeites no guidom que as lojas vendem para as meninas.

Mas o que um pai deve saber sobre bicicletas? Você logo vai perceber que lubrificar engrenagens, trocar blocos de freio e consertar pneus furados é moleza. A bicicleta – com toda a sua complexidade tecnológica e as habilidades místicas que requer para ser operada – é uma coisa excelente para o pai se mostrar *expert* a respeito.

Isso sem falar que é a bicicleta que dá ao pai a chance de participar de um tradicional ritual entre gerações, o "ensinar os pequenos a pedalar". Quando estiver envolvido nele, você provavelmente terá um desses *flashbacks* carregados de nostalgia que começam a aparecer depois que um sujeito tem filhos. Você vai se lembrar do seu pai andando ao seu lado, com uma mão firmando o selim e a outra segurando um exemplar aberto de *Amigos do Hot Rod*.

Saiba que é melhor para a própria saúde ensinar os filhos a andarem de bicicleta num gramado em vez de no asfalto ou cimento. Pais contagiados pelo entusiasmo do momento podem acabar levando tombos também.

A bicicleta é ainda uma ótima maneira de manter as crianças ativas, e não catatônicas diante de um videogame absurdamente violento.

E os passeios de bicicleta em família são uma oportunidade tão boa quanto qualquer outra de oferecer aos filhos uma chance de eles brigarem, ficarem emburrados, se machucarem ou mesmo matarem um ao outro enquanto fazem um pouco de exercício saudável.

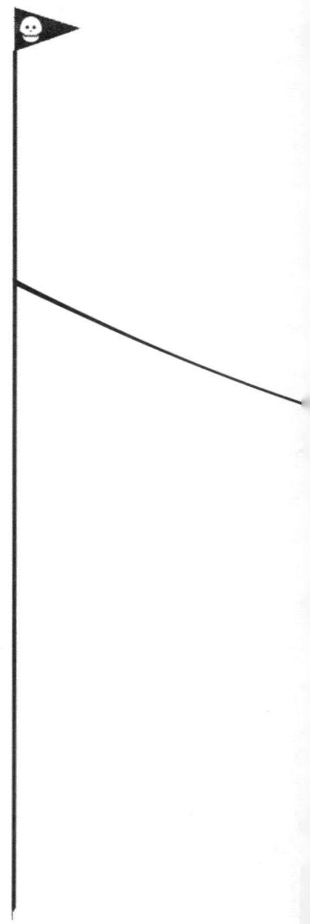

Você vai precisar, como sempre, ter cuidados extras no caso de meninos adolescentes. Eles têm certa propensão a se atirar com bicicleta e tudo do alto de telhados, pedalar desembestadamente pelo pátio de casas de repouso e coisas assim.

E, com crianças de todas as idades, prepare-se para ter que confiscar a bicicleta em momentos de crise extrema.

Ray

Ray – é um primo próximo, embora mais pobre, do Tony. Ele hoje trabalha vendendo livros, mas daria tudo para voltar ao seu antigo posto de vendedor de carros. E, graças aos trinta anos de alimentação à base de cerveja ("compre uma e leve a segunda de graça!") e fritura, hoje está impotente. Ray é aquele sujeito que nunca abandona o seu único terno, nem mesmo na praia, e acha que moda é coisa de "veados e gente esquisita".

FÉRIAS

Se você quer experimentar todos os altos e baixos da vida de um pai, nada melhor que umas boas férias em família.

Aquela famosa quinzena no meio do verão será uma oportunidade fantástica para vivenciar experiências familiares novas e empolgantes, para todos se divertirem e passarem mais tempo juntos. E uma oportunidade da qual, diga-se, não há mesmo como escapar.

Será uma sucessão de aeroportos, deslocamentos de trem, de ônibus ou de carro, terminais de barcas, anfiteatros romanos... E ao pai caberá zelar para que tudo saia como o planejado.

Sob certo aspecto, isso é uma coisa boa. É uma chance que você tem de exercer em plenitude o seu poder paterno. Mas será preciso estar sempre alerta, pois férias envolvem um número grande de variáveis imprevisíveis. Como os próprios filhos, para começo de conversa.

VIAJANDO DE CARRO

Longas viagens de carro, daquele tipo que costuma pontuar muitas vezes as férias de verão, são sabidamente uma das piores torturas para uma criança.

Para o pai não há tanto problema, uma vez que ele ao menos tem uma faixa aparentemente interminável e uniforme de asfalto para mobilizar a sua atenção, e a mãe sempre pode usar o tempo do percurso para imaginar boas maneiras de torrar o dinheiro do pai assim que todos chegarem ao destino. Já as crianças... Convenhamos, não é muito justo esperar que elas se contentem em contar quantos carros vermelhos aparecem no caminho durante quatro horas e meia de viagem.

Não há uma solução fácil. A tecnologia moderna parece oferecer – desde que se pague o preço, como sempre – um meio inesgotável de entretenimento para crianças em trânsito: o DVD nos encostos do banco dianteiro. Quem falou que não havia solução fácil, hein?

Embora essa seja só mais uma maneira de a tecnologia condicionar a transformação de nossos filhos em massas passivas amorfas e incapazes de pensar, recorrer a ela como último recurso durante uma viagem de carro que durará a metade de um dia não parece exatamente o fim do mundo. Só que, pensando bem, essa é uma alternativa meio desalentadora, não é? Tem que existir opção melhor.

Além do mais, pense comigo: você quer mesmo ter de encarar ultrapassagens arriscadas, caminhões carregados e baixa visibilidade na estrada enquanto escuta uma choradeira inconsolável vinda do banco de trás porque a mãe do Bambi morreu no incêndio?

Com certeza um bom jogo de adivinhações é muito melhor do que isso (e certamente bem mais barato).

Eu estou vendo uma coisa que começa com "P"...

É claro que as regras que se aplicam a um fim de semana na praia não valem para um safári na África, mas viagens são viagens – sempre existem semelhanças.

Para começar, você é o líder da expedição. Esteja preparado para quando a esposa e as crianças lhe cobrarem essa postura.

Boa parte dessa liderança estará ligada ao aspecto financeiro, é claro. É o pai quem paga pelo aluguel da charrete, da mesma maneira que ele pagará o *rafting* nas corredeiras do Zambezi.

Mas nem tudo se resume a sacar a carteira do bolso e recalcular mentalmente o saldo bancário. A sua liderança terá de ser física, psicológica e moral também.

E isso quer dizer que, quando a situação não estiver parecendo nada boa e aquela vozinha na sua cabeça estiver repetindo "Você está perdido no meio da selva guatemalteca", você ainda assim deverá ser capaz de abrir um sorriso e dar aquela piscadela confiante quando informar às crianças que tudo vai ficar bem.

A parte da viagem em si – ter que ficar sentado dentro de um veículo, parado numa fila ou esperando em algum tipo de saguão – já pode ser um tanto exasperante até mesmo para os adultos envolvidos.

Para as molas saltitantes e cheias de energia que são as crianças, então, esse tipo de coisa equivale a um confinamento forçado.

Nessas situações, a criação que elas receberam será determinante. Tente visualizar a cena: você está no saguão de embarque, já com a bagagem despachada, aguardando o chamado pelo alto-falante. Só que, quando a voz aparece, é para informar que o voo sofrerá um atraso de três horas. Você lança um olhar para seus filhos. Eles dão de ombros, sorriem e voltam a mergulhar nos seus livros de Charles Dickens e Jane Austen, respectivamente.

Ou a sua realidade estaria mais para: assim que escutam o aviso sobre o atraso, os pirralhos fogem aos berros pelo saguão e só voltam a ser localizados uns quarenta minutos mais tarde quando, olhando pela vidraça, você repara que a pista de pouso não só está cheia de policiais armados como, logo acima deles, os seus filhos estão pulando sobre a asa de um Boeing que está sendo reabastecido.

Que cenário você prefere encarar? Pois essa é a diferença que uma boa criação faz em situações de caos aéreo.

De todo modo, existe uma maneira fácil de escapar dos aeroportos, barcas e qualquer dificuldade na lida com costumes estrangeiros: basta passar as férias em casa.

Não "em casa" no sentido de armar uma barraca no próprio quintal (embora seja um fato que, se você iniciar essa prática cedo o bastante, é possível que os seus filhos venham a aceitá-la tranquilamente como uma espécie de viagem de férias), mas "em casa" no sentido de não ir para muito longe.

Por que viajar para o exterior, afinal? Por que só considerar essa hipótese? Quem ouvir você falando assim, vai pensar que o interior do país foi totalmente arruinado pela abertura de novas estradas e a construção de conjuntos habitacionais e shopping centers por toda parte, ou então que as praias que temos por perto estão todas poluídas e exploradas comercialmente, quase a ponto de serem declaradas pela ONU como áreas de devastação máxima. E é claro que as coisas não são assim, não é mesmo?

Por outro lado, pensando bem, se você pretende ensinar seus filhos a darem mais valor à vida privilegiada que eles têm, talvez uma temporada de duas semanas num camping do litoral em pleno verão sirva para passar a mensagem.

Viajando para o exterior

Já se foi o tempo em que essa expressão, ao menos para mim, evocava a imagem de longas praias desertas de águas cristalinas, de drinques saboreados debaixo de guarda-sóis feitos com folhas de bananeira, sem nada para pensar além do quanto a cara-metade estava bonita com o biquíni recém-comprado.

Eu ainda posso me lembrar vividamente desse tempo, por mais que ele agora pareça enterrado para sempre no passado distante. Esse tipo de imagem é o que ajuda a manter a memória reconfortada durante os longos e escuros meses de inverno (não, isso não é – mas bem que poderia ser – uma metáfora para os anos gastos na labuta da criação dos filhos).

Mas o fato é que, depois da chegada das crianças, a ideia de passar férias no exterior perde uma parte considerável da sua aura idílica. Dito isso, fique também sabendo que ir para o exterior é uma opção ótima para férias em família.

Fora do país, desde que você saiba evitar os lugares certos, seus filhos terão contato com diferenças culturais que despertarão a sua curiosidade:

"Papai, por que a gente não mora numa cabana feita de barro?"

"Olha só, papai, essa cobra perto do seu pé não é igualzinha à da foto que a gente viu no guia?"

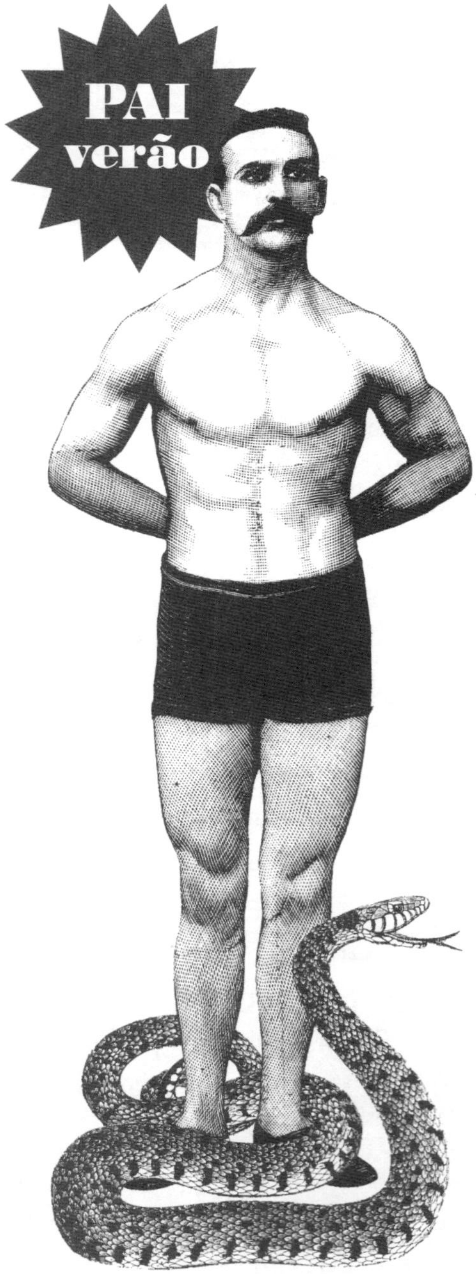

E esse tipo de coisa.

Aquele clichê de dizer que viajar amplia os horizontes da pessoa tem, obviamente, sua parcela de verdade. E de inverdade também.

No caso das crianças, o que acontece é que os horizontes delas já estão sendo ampliados de alguma maneira pela escola e pelo amadurecimento em geral.

Mas viajar para fora do país – com toda a falta de programação de TV decente que isso implica – servirá ao menos para ensinar aos seus filhos que existem pessoas menos afortunadas do que eles no mundo, especialmente no quesito programação infantil na TV.

Se você tem receio de que as crianças não se adaptem bem à estada no exterior, procure começar por um desses destinos que tecnicamente constituem uma viagem para fora do país, mas que não fazem você se sentir fora de casa. Algumas regiões da Espanha e de Portugal são ideais para isso (as Costas Brava e Blanca, e também o Algarve e outros destinos do tipo), porque não apresentam grandes desafios para famílias que estejam atrás de sol, areia e da sua dose habitual de salsichão com batatas chips.

Para o pai, as grandes vantagens serão encontrar as marcas de cerveja de sempre e poder assistir às transmissões dos jogos de futebol na TV a cabo.

Nesses destinos, os seus filhos poderão refestelar-se ao sol do Mediterrâneo, construir seus castelos de areia e chapinhar na água rasa o quanto quiserem, mas ainda assim terão a oportunidade de ouvir – e entender – as obscenidades gritadas numa língua estrangeira por uma mãe cheia de sangria na cabeça xingando o filho de 4 anos por ter "filado seus cigarros".

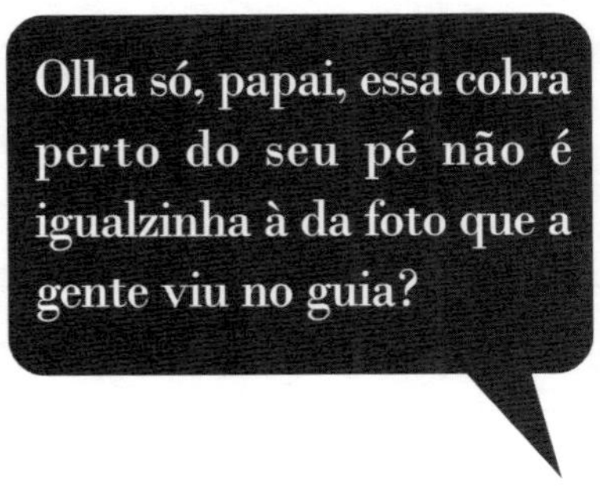

Aniversários e afins

Obviamente, a coisa mais importante a dizer sobre o aniversário das crianças é que ele jamais deve ser esquecido.

Esquecer o aniversário de um filho é um dos sinais mais flagrantes de que você não é um bom pai.

Felizmente, é muito provável que a mãe comente de alguma maneira que "está chegando o aniversário de alguém" (ao que você poderá replicar num tom de "não me trate feito idiota" que é claro que já sabia disso, e que só não teve tempo ainda de sair para comprar o cartão e o presente).

Aniversários prestam-se a uma série de funções:

Em primeiro lugar, eles servem para fazer você lembrar como os seus filhos já estão crescidos, e que eles estão chegando cada vez mais perto da idade de ir para a escola, ou de tirar carteira de motorista, ou de atingir a maioridade penal.

Em segundo lugar, eles servem como uma boa desculpa (como se alguém precisasse disso) para mimar as crianças com presentes a que elas não vão dar valor ou que refletem mais os seus interesses do que os delas.

Em terceiro lugar, eles são o seu passaporte para o mundo das festas infantis – aquela profusão de balões coloridos, palhaços e shows de mágica que faz você concluir que a sua vidinha medíocre e frustrante não é tão ruim assim, no final das contas.

Uma coisa que você não vai demorar a descobrir é que as tais festinhas, organizadas supostamente em benefício de crianças loucas por açúcar, são na verdade só mais um campo de batalha para os pais ultracompetitivos medirem as qualidades uns dos outros.

Isso não seria tão ruim assim se você pudesse simplesmente dar de ombros e ficar alheio a qualquer tipo de disputa. Mas não, não é assim que a banda toca.

Se você quer que os seus filhos continuem recebendo convites para as festinhas dos filhos dos outros – o que provavelmente deve ser a sua intenção –, então terá que fazer a sua parte, ralar muito na organização e arranjar o telefone daquele sujeito alcoólatra que faz enfeites com balões. Além de providenciar para que todos os "convidados" saiam com uma lembrancinha melhor do que a que receberam na última festa.

A coisa é séria, amigo. Tão séria que às vezes chega a parecer que os pais acabarão hipotecando a casa pela segunda vez para garantir que todos os "convidados" da pequena Júlia possam levar para casa o seu próprio puro-sangue árabe.

O Dia da Mãe

Além de se lembrar dos aniversários, existe uma outra data do calendário que é seu dever jamais esquecer.

O Dia das Mães.

É claro que o fato de a comemoração não ter dia certo para acontecer só dificulta as coisas, mas anote: ela costuma vir logo depois da Páscoa.

O domingo das mães é uma boa oportunidade para você mimar sua cara-metade de todas as maneiras possíveis. Se caprichar bem, saiba que isso vai lhe render pontos extras por dias a fio. As mães gostam quando as crianças participam da homenagem, e os pequenos, por sua vez, acham um barato escrever cartões e tomar parte em toda aquela história de "não, hoje é o seu dia de descansar".

Já quanto ao Dia dos Pais, você não precisa se preocupar. Quando ele chegar, será a sua vez de ser mimado.

NATAL

Que lembranças de Natal você guarda na memória?

De uma época mágica cheia de presentes e chocolates e um almoço excessivo à base de peru assado?

Da expectativa e empolgação crescentes à medida que a árvore era enfeitada e os dias iam sendo marcados no Calendário do Advento?

Ou será que o que mais marcou você foi o hábito de deixar tortinhas de miúdos, uma garrafa de uísque e um maço de cigarros para o velho Noel?

E então provavelmente o brilho foi esmaecendo gradativamente: aquela magia dos tempos de infância revelou-se um truque barato produzido em massa, as lendas sobre o Papai Noel e as renas viraram só lendas e todo o clima de comemoração pelo nascimento de Cristo começou a parecer um anacronismo deslocado, questionável e superexplorado. Não foi?

Mas, adivinhe só! Com a chegada das crianças, tudo volta a ser o que era. Os presentes, os enfeites, a diversão, o clima de união familiar. De repente, tudo isso volta aos borbotões. Todos os anos disso tudo.

...o mais fácil e mais divertido é simplesmente entrar no clima e curtir a empolgação dos pequenos enquanto eles desembrulham os seus pôneis e robôs dinossauros

É claro que você poderá explicar aos seus filhos tudo sobre o equinócio de inverno e as religiões pagãs, as Saturnálias e o imperador Constantino, mas essa conversa certamente pode esperar alguns anos.

Enquanto eles ainda forem jovens o bastante para acreditar, o mais fácil e mais divertido é simplesmente entrar no clima e curtir a empolgação dos pequenos enquanto eles desembrulham os seus pôneis e robôs dinossauros.

E, se você mora num lugar onde ainda se conserva a tradição de montar encenações da Natividade, não deixe de prestigiá-las. Elas costumam ser hilárias e comoventes, e rendem tiradas deliciosas dos menores que serão repetidas por anos a fio. Coisas como: “Olha, o meu irmão é uma ovelha”, “Por que Jesus tá chorando?” e outras frases do gênero.

Escola

Eu sempre alimentei a ideia de que, quando tivesse meus filhos, eles receberiam toda a sua educação em casa. Mas o fato é que o sujeito precisa ser muito inteligente e bem de vida para conseguir bancar uma opção dessas. Então, na prática, a coisa acabou não funcionando bem assim.

E teria sido um erro, de qualquer forma. Porque na verdade você não tem como prever. Eu mesmo nunca me entendi bem com a escola; já meus filhos, adoram. Cadê a lógica?

Mas, quer seus filhos amem ou detestem a escola (ou as duas coisas ao mesmo tempo), saiba que todos passam por fases na vida escolar. Essas fases são a educação infantil, o ensino fundamental e o médio – e a coisa mais importante para o pai é garantir que eles estejam frequentando a etapa certa no momento certo.

Talvez você se lembre até hoje do seu primeiro dia de aula. Muita gente se lembra.

Para boa parte das crianças, entrar na escola é algo que envolve seriedade e uma grande dose de ansiedade. De uma forma inédita em suas vidinhas até então, elas são levadas a dar um daqueles primeiros passos importantes na direção de se transformarem em gente grande. É o momento em que elas se dão conta de que vão crescer, que já estão crescendo, e de que desejam e têm medo disso na mesma medida.

E um pai tem de fazer seu papel nessa hora. Você precisa demonstrar empatia com os sentimentos do pequeno, e ainda assim tentar passar um ar de determinação e entusiasmo ao mesmo tempo. Isso talvez não seja uma tarefa fácil, principalmente diante de um rostinho banhado em lágrimas e do seu filho dizendo que já se cansou da escola e que já aprendeu tudo, e perguntando por que precisa ir para lá de novo.

Mantenha-se firme na sua posição e confie. Mais cedo ou mais tarde vai chegar o dia em que a pergunta clássica *O que você fez hoje?* desencadeará uma torrente entusiasmada de novidades.

...na minha época, todo mundo queria sapatos com solas que deixassem alguma marca especial... Hoje, a garotada se encanta pelos tênis com câmera embutida e acesso à internet

A passagem para o ensino médio muitas vezes é difícil também. De peixe grande no seu aquário pequeno, o seu rebento passará a ser o menor dos peixes num imenso oceano institucional cheio de baleias enormes.

Eles se sentem vulneráveis na nova situação, e estão mesmo.

E a carga de expectativas com que precisam lidar aumenta também. Serão mais provas e mais gente buzinando nos ouvidos deles sobre a importância que essas provas terão para os seus planos de vida no futuro.

O ensino médio é ainda o lugar certo para fazer contato com o tipo errado de companhia. Você precisará ficar mais atento do que nunca às amizades dos seus filhos. E dar um jeito de mostrar que não será legal se eles já tiverem ficha na polícia quando forem procurar o primeiro emprego.

O uniforme não costuma ser problema até as séries do ensino médio, quando então os adolescentes ficam ultrapreocupados com a própria imagem e começam a querer usar só uma determinada calça ou aquele par de sapatos especial. O consolo é saber que é só mais uma fase e que logo passa – ou que, se não passar, ao menos depois que eles saírem de casa ela não vai ser mais um problema financeiro seu.

Porque o grande problema com a tal calça "irada" e os tênis *fashion* é que em geral eles são justamente os modelos mais caros disponíveis no mercado.

Ou talvez tudo isso seja relativo: na minha época, todo mundo queria sapatos com solas que deixassem alguma marca especial – imitando um rastro de animal ou imprimindo algum tipo de código no chão. Hoje, a garotada se encanta pelos tênis com câmera embutida e acesso à internet.

Outra coisa a saber sobre as escolas de ensino médio é que elas parecem estar se tornando lugares onde o alunato concentra todos os seus esforços em ser considerado *cool*, e não para aprender alguma coisa. As duas ideias, aliás, costumam se excluir mutuamente.

É óbvio que a sua função como pai é trabalhar contra isso, talvez até abraçando como meta convencer seus filhos de que a educação é algo realmente valioso e desejável na vida de alguém. O único problema é que, como um sujeito que provavelmente passa longe de ser considerado *cool*, você vai ter de suar para abordar o assunto de forma persuasiva.

Nesse assunto da educação das crianças, aliás, é preciso dizer que eu e minha cara-metade nem sempre concordamos quanto aos métodos. A minha ideia inicial – dar "surras" semanais em todo mundo nas partidas de Master, até que eles se convencessem a melhorar os seus conhecimentos gerais – só desencadeou uma série de caras emburradas e fugas em massa para os quartos sempre que eu aparecia com a caixa do jogo.

O plano número 2 – obrigá-los a trabalhar por um ano num canteiro de obras para ver se depois retornavam para a escola mais motivados – foi sumariamente vetado pela patroa.

Eu ainda acho que poderia ter dado certo. Sim, eles estão se saindo razoavelmente bem no momento, mas quem pode dizer que não se sairiam melhor ainda?

Atividades extras

À medida que crescerem, os seus rebentos irão despertar para a experimentação do novo.

Eles serão acometidos por surtos de entusiasmo passageiro.

E vão desejar desesperadamente certas coisas.

E, sendo pai, você naturalmente haverá de querer proporcionar aos seus filhos as oportunidades que nunca teve na vida e todo esse papo. Pode ser que sejam aulas de piano ou de dança (embora as últimas você talvez não lamente tanto assim por ter perdido), ou então entrar para o time de futebol infantil, ter um skate, aprender a montar em lhamas ou a pilotar aquelas motocicletas em miniatura.

Mas, no final, o que você vai conseguir proporcionar a seus filhos em termos de oportunidades e novas habilidades dependerá fundamentalmente do dinheiro de que dispuser para isso.

É bom lembrar que nem todo mundo consegue manter um pônei de verdade e um padoque.

Esportes

O esporte certamente é um bom recurso para ajudar a manter as crianças saudáveis e em forma.

E praticar a maioria das modalidades não custa tanto assim. O par de chuteiras pode parecer caro demais quando você estiver abrindo a carteira na loja, mas em geral prova ser um bom investimento.

Por outro lado, se o seu menino de 7 anos decidir que quer aprender a jogar polo, certamente a quantia desembolsada para o mesmo tanto de condicionamento físico e aprendizado de trabalho em equipe será mais elevada. Mas veja pelo lado bom: se seguir mesmo por esse caminho, pode ser que o moleque arranje uma noiva bem rica. E essa questão nem sempre passa pela classe social, de qualquer maneira – o equipamento de *croquet*, por exemplo, não custa tão caro.

Música

A questão dos cursos de música para crianças muitas vezes tem a ver (embora não sempre) com o fato de elas virem ou não de uma "família musical".

Aulas de música mais elementares e o contato inicial com os instrumentos muitas vezes já são oferecidos pela própria escola. Assim, é melhor deixar seu filho ir se divertindo com a clarineta tenor que há por lá por um tempo antes de pensar em meter a mão no bolso.

Às vezes, os pequenos acabam concluindo que dominar o instrumento escolhido é mais difícil do que parece, ou que as aulas são muito maçantes. Mas se eles permanecerem firmes no seu intento de prosseguir no caminho da música, tente ao menos fazer com que esse caminho passe longe dos instrumentos mais caros, como os pianos de cauda. Falando nisso, aliás, lembre que a bateria pode não ser também a melhor opção – afinal, qualquer que seja o instrumento, você vai ser obrigado a ouvi-lo por anos a fio.

A conversa

A conversa, obviamente, é um momento especial entre pai e filho. E mais um daqueles ritos de passagem importantes.

"E então, filhão, o que você sabe sobre as garotas?".

Devo dizer que nunca fui chamado para a tal conversa, nem nunca chamei ninguém. A escola já fornece tudo o que eles precisam saber a respeito – *Sei-lá-quem botou um ovo*, ou seja lá qual for o nome do livro que usam hoje em dia para isso. O que mais eu poderia ter a esclarecer para esses garotos?

Ainda assim, eu sentia que precisava tentar. Então fui perguntar ao meu filho mais velho, na época com uns 12 anos, se ele sabia alguma coisa sobre sexo. Ele respondeu que sim, e eu deixei por isso mesmo. Resolvi recorrer à velha máxima salvadora que todo pai guarda na manga: "Se eu mesmo não tive isso e sobrevivi...".

Namoradas e namorados

Quando chegar a época de os filhos começarem a sentir atração por coleguinhas e se apaixonarem, inevitavelmente algumas visões surgirão na mente de um pai. E é nesse período, também, que todos os seus conceitos sexistas começam a emergir como nuvens de fumaça colorida toldando completamente as tais visões.

A reação de um pai à notícia de que o filho arrumou uma namorada não costuma ser exatamente igual à que ele tem quando a própria filha está envolvida na jogada.

Se você se deixar levar pela emoção nessa hora, a sua menina pode acabar achando que não merece o mesmo tipo de liberdade dada ao irmão na hora de sair e se socializar com seus pares. Mas, convenhamos, agir racionalmente não é nada fácil diante das circunstâncias.

Se parar para pensar um instante, você verá que provavelmente tem uma tendência a ser mais indulgente com as escapadas românticas do garotão – esse menino tem a quem puxar, ora.

A sua menina, por outro lado, é uma criatura frágil e ingênua que precisa de proteção, alguém que ainda não sabe que o misógino sedutor e sem coração é um personagem dos mais comuns no teatro da vida.

Talvez o melhor mesmo seja delegar a administração da vida amorosa da sua filha à mãe. Ela parece bem experiente no assunto, afinal. Ou, ao menos, sabe fazer boas escolhas.

PARTE SEIS

PSICOLOGIA DO PAI

Psicologia do pai

Segurem-se, rapazes, porque chegou a hora de entrarmos nos domínios da Psicologia! Ou, em se tratando mais especificamente de nossa investigação sobre o pai, de abordarmos um monte de coisas esclarecedoras para tentar clarear nossas ideias de uma vez por todas. Teorias, complexos, recalques, sublimações... Quem poderia imaginar que ser pai se revelaria algo tão complicado e cheio de meandros? Bem, a verdade é que – num certo sentido – não tem nada de tão complicado assim. É isso mesmo. O bom dessa história de Psicologia é que você não precisa saber de nada. E nem mesmo fazer nada em especial. Trate apenas de agir "como manda a natureza" que você já estará no caminho certo.

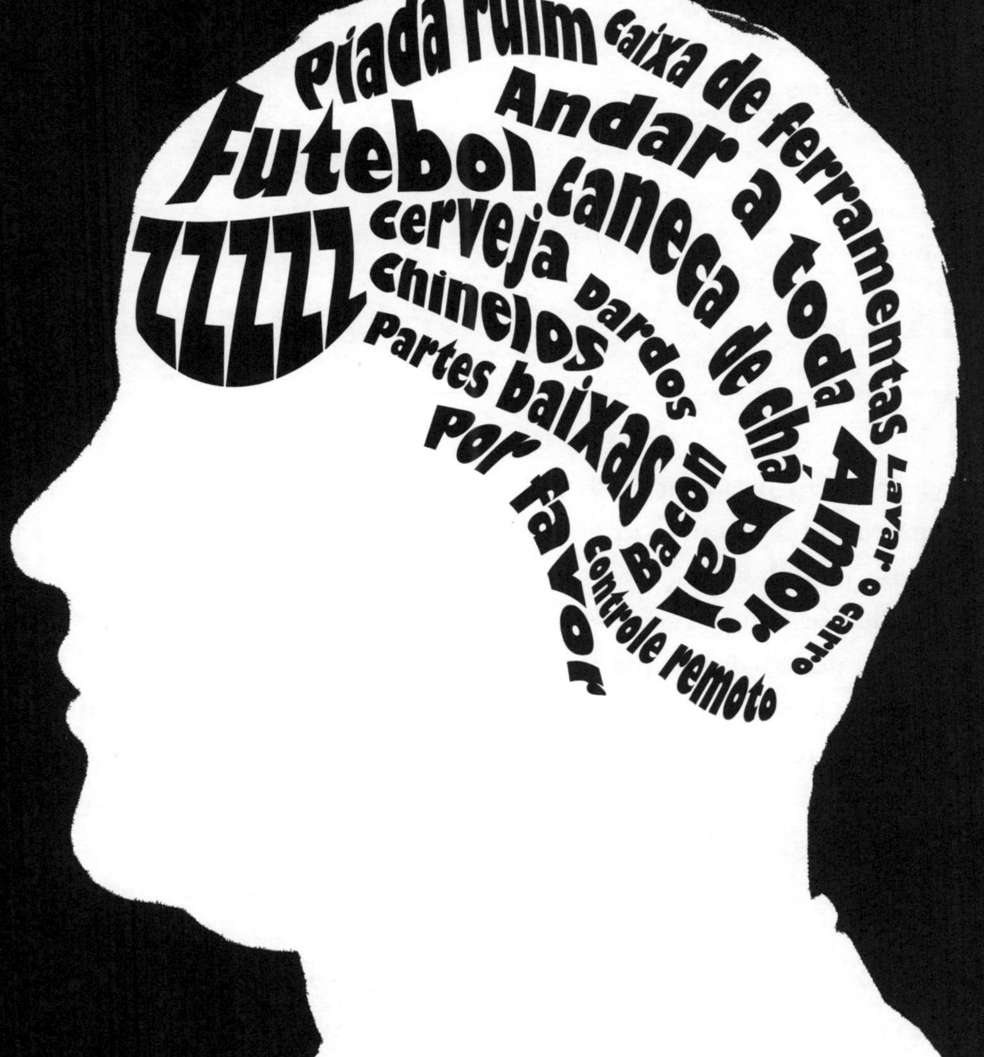
Piada ruim
caixa de ferramentas
Andar a toda
Futebol
caneca de chá
ZZZZZZ
cerveja
dardos
chinelos
Partes baixas
Por favor
Bacon
Pai!
Amor!
Lavar o carro
controle remoto

PSICOLOGIA POP

Provavelmente deve ser algo ligado àquele seu hábito de nunca olhar nos olhos quando aperta a mão do seu oponente no jogo de tênis. Ou com a noção vaga de ter ouvido por aí que você carrega uma certa criança interior dentro de si e que acaba se comportando, na relação com os filhos, da maneira como menos esperaria.

> **...se você é do tipo mais sensível e sugestionável, talvez seja melhor olhar para o outro lado agora**

O que se pode afirmar com certeza é que o pai comum que encontramos nas ruas não sabe nada de coisa alguma.

E que já está na hora de você abrir na sua vida um espaço para digerir assuntos como inveja do pênis, ansiedade de castração, complexos de Édipo e de Electra, o seu id, seu ego e seu superego – que certamente formam juntos um ensopado e tanto de conceitos.

Para usar termos que misturam metáforas do consumo com outras ligadas à teoria da perspectiva, podemos dizer que dona Psicologia empunha um caleidoscópio bizarro quando vai enfocar as questões ligadas à condição de pai.

E as imagens que aparecem do outro lado são um tanto assustadoras e desagradáveis. Portanto, se você é do tipo mais sensível e sugestionável, talvez seja melhor olhar para o outro lado agora.

Aviso aos Pais

E daí? – você deve estar se perguntando. E daí que existe essa inveja do pênis? E no que ela afeta a minha condição de pai?

Pois bem, eu explico. Segundo a teoria freudiana, as meninas, no decorrer do seu desenvolvimento psicossexual (calminha aí, leitor amigo, que ainda tem coisa muito pior pela frente.) chegam a um momento em que se dão conta de que não têm um pênis, e, a partir dessa comprovação, elas passam a invejar e a querer para si o pênis do pai.

(Se o parágrafo anterior fez você ficar com as pernas bambas, meu caro pai, respire fundo algumas vezes antes de continuar.)

Por que exatamente as meninas deveriam sentir que a falta do pênis é algo a ser lamentado, isso ninguém explica. O melhor que um pai tem a fazer, no fundo, é fingir que nada disso existe. Afinal, o mais provável é que essa fase passe logo por si mesma, sem que – graças aos céus – o assunto jamais precise ser mencionado.

Vale o mesmo para a ansiedade de castração. Se você anda preocupado com esse tema, saiba que, mais uma vez, não tomar atitude alguma – uma típica solução de pai – é a estratégia que tem tudo para dar certo. Até porque a decisão de comentar com seu filho em tom tranquilizador que ele tem uma bela genitália talvez não contribua muito para o bom relacionamento de vocês dois a longo prazo.

Freud considera que o pai é a grande potência da família porque tem o melhor pênis (e o pênis original da história), e que toda criança inveja isso. Uma maneira de tentar resolver a encrenca é garantir que seus filhos jamais vejam você pelado – deixe que os pequenos toquem as suas vidas embalados pela suposição inocente de que o pai não tem órgãos reprodutivos de espécie alguma. Fazer isso não é tão simples quanto possa parecer, mas você sempre pode contar com o auxílio das sungas de banho e de gritos ocasionais mandando todo mundo virar de cara para a parede.

A Psicologia fica mais interessante quando trata do papel do pai no desenvolvimento da personalidade de seus filhos, seus valores, ambições e tudo mais. No final do século XX, a moda era lamentar a existência da família e retratar a mais universal das organizações humanas como um poço de loucura e neuroses variadas.

Nesse período, todas as pessoas pareciam prontas a apontar dedos acusatórios na direção da mãe e do pai, identificando-os como a fonte única das próprias mazelas e fraquezas futuras. Seria leviano afirmar aqui, entenda, que os pais não têm o poder de f*** totalmente com a sua cabeça; a questão é só que isso não é algo tão simples e inescapável assim. A postura firme e adequada de um pai pode operar maravilhas na produção de descendentes equilibrados e sadios.

...o pai é a grande potência da família porque tem o melhor pênis (e o pênis original da história)...

O que esse papo de ser o detentor do melhor pênis significa na verdade é que cabe ao pai estabelecer os padrões da masculinidade em casa. O que quer que isso signifique.

Afinal, estamos falando aqui de um mundo do pós-feminismo. O que quer que isso signifique.

Não importa que você viva no século I ou no século XXI. Os atributos da masculinidade estarão ligados inexoravelmente aos atributos do pai. Tornar-se pai é passar um atestado de potência, e isso está no coração, essencial, do que significa ser macho. O que quer que isso signifique.

A confusão de papéis

Valores masculinos – se é que você acredita nesse tipo de coisa – obviamente se prestam melhor a ser transmitidos para os meninos da família. A tarefa de iniciar as meninas nas artes da maquiagem, no uso do cartão de crédito, na habilidade para colecionar joias, na introdução do primeiro Tampax etc. você pode deixar para a mãe.

Mas não se engane: todo pai representa um modelo de comportamento importante para suas filhas.

É o pai que ensina a elas uma coisinha ou duas sobre a solidez do macho, a saber:

• Pais são os sujeitos que estão lá para ouvir quando você chora e reconfortá-la com palavras tranquilas na sua voz grave.

• Pais sempre aparecem de carro.

• Pais sacam o talão de cheques.

Filhas costumam ser mais benevolentes com o pai e as suas "paizices" do que a mãe. A mãe sabe aquilo que o pai já foi um dia, e quando olha para ele hoje pode ver o terrível ar de abandono que se abateu sobre esse homem. A filha enxerga apenas o pai.

Para a filha, ele sempre foi o sujeito que usa colete com bermuda; ele sempre pesou mais de 90 quilos. Até onde ela sabe, todos os pais também passam os finais de semana enfurnados no sótão construindo réplicas da Apolo 11 com palitos de fósforo.

E – de um jeito ao mesmo tempo irônico e meio triste – são as falhas do pai que vão prepará-la (psicologicamente, eu quero dizer) para as imperfeições do próprio casamento. Fazendo assim com que o ciclo da vida possa se completar mais uma vez.

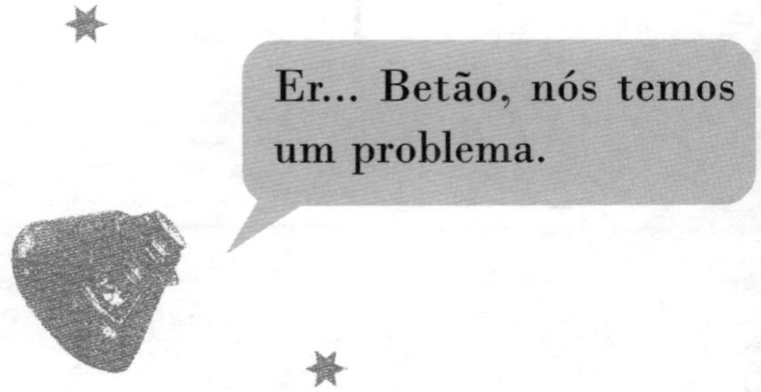

Robin

Robin – Em geral casado com uma Fiona, e mais frequentemente encontrado com três filhos adolescentes chamados Zak, Solomon e Daisy, Robin é um oponente fervoroso da instalação de usinas nucleares, um reciclador de lixo contumaz e um sujeito que sabe desfrutar da regulagem completa do banco do motorista do seu Mercedes Classe-S novinho em folha. Arquiteto por formação, e absurdamente rico, o que atrapalha as noites de sono do Robin é tão-só o eterno dilema entre optar pelo ensino público ou uma escola particular.

PARTE SETE

O Pai Natural

O Pai Natural

Tá bom, não tem nada de errado com a Psicologia. Mas o lance é que esse tipo de investigação psicológica tende a elevar os estudos sobre o pai a um nível estratosférico de complexidade – e, para muitas pessoas, lidar com isso pode provocar dores de cabeça e cegueira temporária. Sendo assim, acho que você vai gostar de saber que existem outras vias de abordagem para o estudo da existência paterna. Um método de investigação bastante eficaz e direto é observar a maneira como outros membros do reino animal – os bichos pais, por assim dizer – lidam com as suas tarefas paternais do dia a dia.

Macacos me mordam!
Silêncio aí em cima!

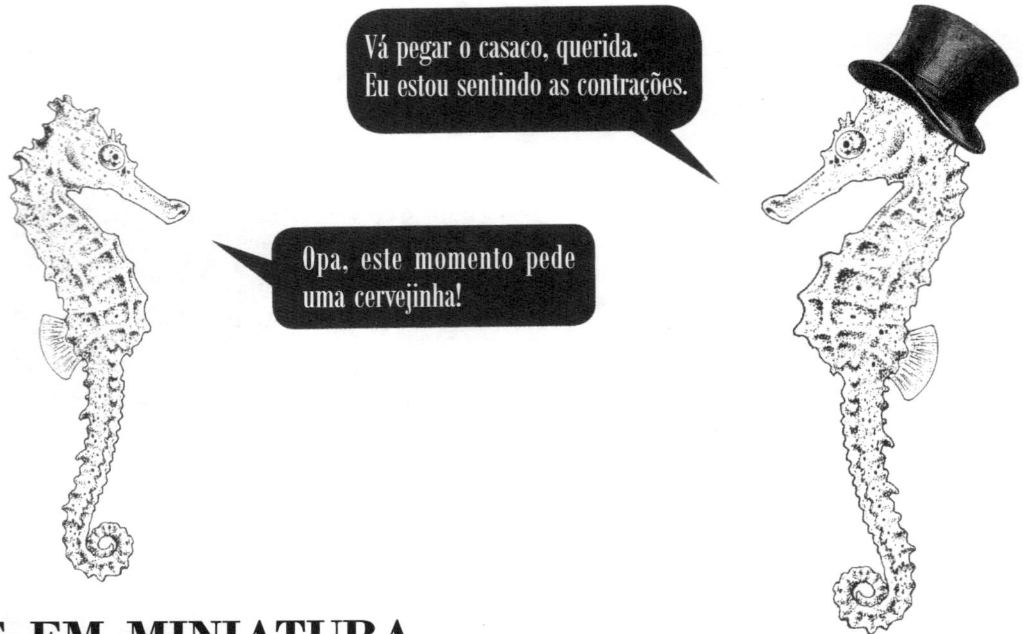

MASCULINIDADE EM MINIATURA

A expressão "macho alfa" no geral evoca imagens de gorilas imensos erguidos sobre as patas traseiras, batendo nos peitos cobertos de pelos prateados e mostrando os dentes pontiagudos na tentativa de intimidar os outros machos da área e fazê-los aceitar o fato de que todas as gorilas gostosonas dali já têm dono.

Mas se por acaso existir na natureza um "pai alfa", ele com certeza não será grande como o gorila. Muito ao contrário. Aliás, esse título pertence por direito ao insignificante hipocampo, ou cavalo-marinho.

O cavalo-marinho não ficou famoso por sua agressividade incontrolável, embora os machos da espécie algumas vezes se envolvam no que poderia ser descrito como disputas submarinas pela primazia.

A fama do cavalo-marinho vem de uma qualidade que é especialmente improvável no mundo da masculinidade, e mais improvável ainda no mundo da paternidade. O senhor Cavalo-Marinho, com todos os seus três centímetros de altura, é um dos exemplos supremos de paternidade na natureza.

Como o sujeito compreensivo e decente que é, o senhor Cavalo-Marinho também se dispõe a deixar que a patroa faça a penetração. Ui! Isso é que é um macho de verdade!

Porque para ele não vale aquela velha história de, uma vez confirmada a gravidez e a paternidade iminente, seguir adiante com a sua vida de macho como se nada fosse, bebendo todas as noites, jogando futebol com a turma e cantando todas as fêmeas desacompanhadas que vê pela frente.

Não, senhor, nem pensar. Nessa família, quem fica grávido é o próprio senhor Cavalo-Marinho. E não é só isso. Como o sujeito compreensivo e decente que é, o senhor Cavalo-Marinho também se dispõe a deixar que a patroa faça a penetração. Ui! Isso é que é um macho de verdade!

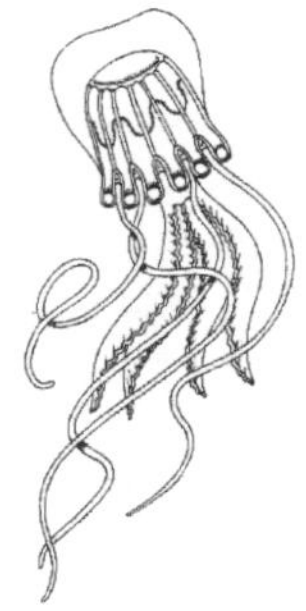

E depois, para fechar em grande estilo, como uma espécie de versão submarina do canguru, ele ainda carrega durante várias semanas na sua bolsa abdominal os ovos fertilizados. É, meus amigos, é o senhor Cavalo-Marinho que vivencia na própria pele o milagre do nascimento.

Está aí um pai que merece todo o nosso respeito! Ou pena. Você decide.

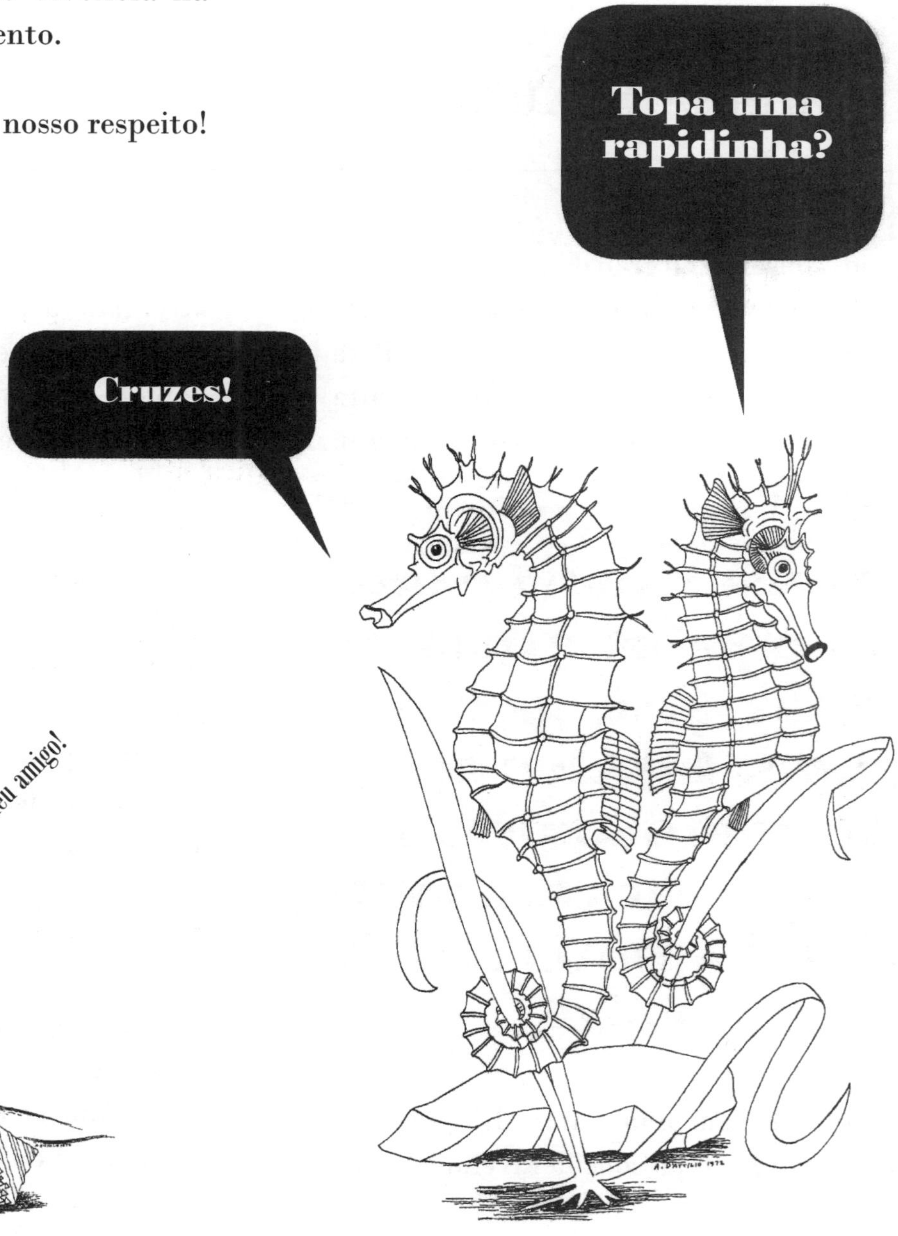

A MÁQUINA SEXUAL

Se formos considerar o grau de sacrifício pela causa, entretanto, a disposição do senhor Cavalo-Marinho de carregar um punhado de ovos fertilizados durante algumas semanas não é nada se comparada ao que o macho da Aranha Australiana aguenta.

Para ser mais exato, nem é pelos filhos que ele faz esse sacrifício todo. É pelos seus espermatozoides. Isso é o que eu chamo de orgulho paternal de raiz!

É comum que em boa parte das espécies de aranha o macho seja consideravelmente menor do que a fêmea e que o coito para ele seja uma atividade arriscada – sobretudo quando a sua amada é daquele tipo que costuma ficar faminta depois do amor. As aranhas macho, em sua maioria, já vivem preparadas para dar no pé assim que o rala-e-rola termina.

Mas no caso das australianas a coisa é diferente. Pode-se dizer que o abnegado senhor Aranha Australiana dá um sentido renovado à expressão pulsão de morte. O pai dessa espécie – que tem metade do tamanho da sua companheira de teia – não tem medo de virar petisco depois que cumpre a sua missão reprodutiva.

Aliás, ele chega até a fazer um esforço deliberado para encorajar a parceira a devorá-lo. Durante a cópula, esse macho escolhe uma posição tal que possibilita que a senhora Aranha lhe devore nacos do abdômen enquanto ele – sem desfazer o sorriso enigmático da cara – se encarrega de continuar o serviço com as partes do corpo que lhe restam. E você que achava que o seu fetiche por pés era o cúmulo da perversão, hein?

Aí está um pai que deveria despertar a admiração de todos nós. Um pai que se dispõe a sacrificar a própria vida pelos filhos – filhos esses que ele jamais vai conhecer.

Para ser mais exato, nem é pelos filhos que ele faz esse sacrifício todo. É pelos seus espermatozoides. Isso é o que eu chamo de orgulho paternal de raiz!

E embora a coisa toda possa soar para o leitor humano médio como uma visão apavorante saída do filme *Alien,* um pai poderá interpretar esse sacrifício da aranha australiana como apenas uma versão mais extremada da ampla gama de comportamentos que o velho lema – *as crianças vêm sempre em primeiro lugar* – pode motivar.

Mas é preciso lembrar também que, consequentemente, essa decisão do Pai Aranha faz com que ele perca outras coisas legais da paternidade, como ensinar os filhos a andar de bicicleta, a jogar pingue-pongue ou a injetar o veneno de modo a garantir que a sua comida esteja sempre fresquinha, porque afinal ainda estará viva.

Paternidade a toda prova

Em termos de vigor e perseverança, nenhum pai é páreo para o pinguim imperador.

Acontece que o Pai Pinguim Imperador não tem escolha. E, sendo assim, numa decisão tipicamente paterna, ele simplesmente toca a coisa adiante

Passado o acasalamento, a fêmea do pinguim imperador produz um único ovo. Depois que põem esse ovo, as fêmeas delegam os cuidados com ele ao Pai Pinguim Imperador. Caberá aos pais dessa espécie a responsabilidade de manter vivos os ovos e a si próprios durante o longo inverno antártico, enquanto as mães pinguins zarpam para o litoral e passam meses inteiros empanturrando-se de peixe e lula e fofocando com as amigas. Mas que audácia!

Se para os pais humanos "cuidar das crianças" é algo que quase sempre consiste em deixar os pirralhos em algum lugar especializado a caminho do trabalho, os pais pinguins levam a tarefa mais a sério. Amontoados uns bem perto dos outros no meio da vastidão gelada, eles usam os próprios corpos para criar um berçário das neves.

Essa creche corporal, com o seu sistema de rodízio lento, é um belo exemplo do poder dos pais na natureza. Embora os imperadores não possam ser descritos propriamente como pais que põem a mão na massa – porque os pinguins não têm mãos – a sua atitude no cuidado com os filhotes requer um grau de comprometimento do qual muitos pais humanos com certeza iriam preferir se esquivar.

Acontece que o Pai Pinguim Imperador não tem escolha. E, sendo assim, numa decisão tipicamente paterna, ele simplesmente toca a coisa adiante. O ovo fica aquecido na sua bolsa de pele – pode ser que esse papo de bolsa não soe muito como um lance de pai para você, mas saiba que na visão de mundo dos pinguins ter uma bolsa de pele é coisa para quem é muito macho. Mais macho até do que uns e outros que carregam pastas de couro por aí.

Agora dá pra devolver
o meu Xbox?

Gary

Gary – O mais novo de três irmãos, nascido estranhos sete anos depois do segundo filho da família, Gary encontra alívio para suas dúvidas existenciais mantendo um guarda-roupa cheio de conjuntos esportivos coordenados e cultivando uma habilidade acima da média no campo de futebol.

Sua Majestade

Espelho, espelho meu, quem é o pai mais macho dos machos do reino animal?

Se você é um pai do mundo selvagem, não vai querer ser visto apenas como o patriarca da sua família. Não, meu amigo, você vai querer ser reverenciado como alguém que ocupa uma posição suprema, o ponto mais alto de toda uma cadeia alimentar.

E se tem alguém que já conquistou esse posto, sem dúvida alguma esse alguém é o nosso rei das selvas: o Pai Leão.

Esse macho conta até com um penteado todo especial para destacá-lo do bando e deixá-lo com uma aparência ainda mais imponente. No leão, a juba é um indicador de virilidade – uma juba volumosa mostra que há um sujeito muito macho por baixo dela, tanto na potência quanto no potencial.

Se for feita uma analogia com a aparência dos machos humanos, talvez isso ajude a explicar por que os homens carecas costumam ser considerados menos atraentes sexualmente. A diferença é que esses sujeitos capilarmente prejudicados logo dão um jeito de compensar a falta da juba conquistando altas posições no mercado financeiro, o posto de líder soviético ou qualquer coisa do gênero – e o pobre leão de juba rala não pode contar com essas estratégias alternativas para aumentar seu poder de sedução.

Além de dedicar a maior parte do seu tempo ao exercício do ócio, o imponente rei da selva ainda deixa as gazelas, gnus e antílopes para a patroa caçar

Existem ainda outros pontos em comum entre as duas espécies. Durante 80% do dia, o Pai Leão não faz absolutamente nada além de vagabundear pelos cantos e procurar uma sombra para tirar um cochilo. Isso por acaso faz você se lembrar de alguém?

Além de dedicar a maior parte do seu tempo ao exercício do ócio, o imponente rei da selva ainda deixa as gazelas, gnus e antílopes para a patroa caçar, exatamente da mesma maneira que a mãe precisa caçar as melhores ofertas, os encartes de descontos e as marcas mais baratas quando vai fazer as compras da semana.

Mas com toda a sua imponência, o Pai Leão é ele próprio um exemplo da falta de misericórdia da natureza, tanto quanto um agente propagador dela. A sua oportunidade de reinar e defender o bando é curta. Dura uns poucos anos, se tanto.

E as pressões que acompanham o status de rei da selva o levam a tomar atitudes verdadeiramente chocantes. Quando um macho assume o domínio do bando, ele precisa matar qualquer eventual filhote do seu antecessor para conquistar assim a receptividade das novas esposas aos seus encantos. É uma lógica muito simples e brutal. E, é claro, radicalmente oposta a tudo o que nós humanos queremos ser ou ter como pais.

Matar os enteados não é coisa que se faça. Não se esqueça de que o leão é o rei da selva, mas que nós humanos passamos muitos séculos tentando civilizar a selva do convívio humano. Sim, ele pode ser bonito, poderoso e emblemático. Mas não é como um de nós.

O Rei dos Galhos

Segundo a lógica da teoria darwiniana, observando os hábitos paternos dos gorilas, orangotangos e chimpanzés é possível lançar uma luz sobre realidades ainda obscuras do pai humano. Porque você precisa conhecer as suas origens para saber para onde vai, e esse tipo de coisa.

Certamente os grandes primatas, com as suas expressões faciais, os esgares que nós interpretamos como risos e a organização social complexa, devem ser os animais mais úteis para buscarmos a origem dos nossos próprios comportamentos e motivações, não é mesmo?

Bem, talvez você ache isso. Mas, sabe de uma coisa? A natureza não segue exatamente as leis de Disney. Sim, os chimpanzés são capazes de aprender a andar de bicicleta e fumar cigarros, mas já há provas documentais de que eles também empunham porretes e exibem caretas ameaçadoras quando estão no seu ambiente natural. Portanto, não seja ingênuo de esperar só coisas boas da nossa suposta semelhança com os símios.

Como qualquer moleque em idade escolar sabe, a classe dos primatas vai desde o ser humano – no topo da escala, obviamente – até os lêmures, no degrau mais baixo. E o que será que o Pai Lêmure tem a nos dizer a respeito da arte de ser pai de maneira geral? Ora, ora, o Pai Lêmure é um tremendo pau-mandado.

Lêmures organizam-se em pequenos agrupamentos sociais onde a dominância é exercida sempre por uma fêmea – mostrando, nesse aspecto, uma ligação estreita com seu primo *Homo sapiens*. Ui!

Como todos os primatas, o Pai Lêmure tem que brigar para subir degraus na hierarquia do grupo se quiser o posto de pai dominante. E terá que disputar a Mãe Lêmure com os outros machos do pedaço. Na disputa pela Mãe Lêmure, os machos interessados esfregam a secreção com seu odor natural na própria cauda e ficam sacudindo a dita-cuja diante da amada. Na sociedade dos primatas, isso equivale a sair por aí envergando uma camisa Ralph Lauren e cheirando a loção pós-barba Hugo Boss – é tão desagradável quanto, e tem a mesma propensão a dar um bom resultado.

O Pai Gorila

Mas humanos não são lêmures. Parece que ao menos essa parte já está devidamente esclarecida. Eles talvez sejam mais parecidos com os gorilas mesmo. Nos últimos tempos, os gorilas enfrentaram uma grave crise na sua imagem pública que – graças ao King Kong – durou quase um século inteiro. Mas hoje nós já sabemos que esses animais não são os malucos escaladores de arranha-céus que nós pensávamos que fossem. Os gorilas na verdade são vegetarianos de índole tranquila, que se mostram altamente tolerantes com equipes produtoras de documentários.

E esse poder vem acompanhado de uma responsabilidade proporcional

O Pai Gorila, aliás, é um dos melhores pais do mundo animal. E por quê? A combinação de força espetacular e gentileza no trato com os filhotes que o gorila apresenta faz dele um verdadeiro exemplo a ser seguido.

Assim como (em alguns casos) o pai humano, ele é o sujeito com mais potência física e experiência em todo o bando. E esse poder vem acompanhado de uma responsabilidade proporcional. Sempre que ocorre algum problema – equivalente na sociedade dos gorilas a um cano estourado, uma torneira pingando ou uma lâmpada queimada –, a família recorre ao Pai Gorila para que ele dê um jeito na situação.

É ele que decide quando o grupo deve partir para um novo território, é ele que dá o veredicto nas disputas familiares e cabe também a ele disciplinar os filhotes. E um abraço como o do Pai Gorila você não vai encontrar igual. Ele é igualzinho ao seu pai ou a você, em suma. E pode ser até que seja fisicamente muito parecido com o seu pai. Ou com você.

O Pai Orangotango

É possível igualmente que o seu pai se pareça com um orangotango. Os orangotangos são diferentes dos gorilas, mas mesmo assim têm muito em comum com os humanos. Ou ao menos eles querem ser gente – basta lembrar do Rei Louie, da história do Mogli.

...eles querem ser gente – basta lembrar o Rei Louie, da história do Mogli

O Pai Orangotango é um dos pais mais inteligentes da selva, como atestam os guarda-chuvas que ele sabe improvisar com folhas de palmeira e a sua habilidade de cantar e dançar ritmicamente. Só que, em termos de qualidades paternais, esses símios deixam a desejar.

O orangotango é como uma espécie de Pai Separado. Aquele tipo de sujeito que gosta de viver solto por aí, que não mora com a família e precisa preservar o próprio espaço – "lar é onde eu penduro a minha banana" – e coisa e tal. As crianças não ocupam um espaço muito grande na sua vida.

Como exemplo para o pai humano, entretanto, esse tipo de existência pode parecer solitário demais. Faz lembrar dos caras que você vê lanchando no McDonald's com os filhos nas tardes de domingo. Será que eles são os nossos orangotangos?

O Pai Chimpanzé

O Pai Chimpanzé consegue ganhar do gorila? Bem, antes de mais nada, é preciso ter em mente que a organização social dos chimpanzés é um tanto precária.

Quando o assunto é família, a vida do chimpanzé mais parece uma novela mexicana: cheia de relacionamentos longos apimentados por casos extraconjugais fugazes e filhos bastardos; muitas brigas, machos dominantes disputando poder e os subalternos armando conspirações por baixo dos panos.

Ser um Pai Chimpanzé certamente não é tarefa fácil, com tantas brigas para apartar e sem um minuto de liberdade longe da prole. Se existe um pai que entende todas as benesses e as armadilhas da famosa "convivência familiar saudável", esse pai é o nosso amigo chimpanzé.

Se isso tudo está começando a lhe parecer incomodamente familiar demais, lembre também que o Pai Chimpanzé – sujeito como todos nós a uma existência movida pela sede de poder e pelo desejo – ama profundamente seus filhos acima de tudo.

E é por isso, enfim, que nós buscamos respostas para nossas inquietações nos pais primatas: eles criam seus descendentes, ensinam a eles a lei da selva, cuidam de mantê-los limpos, brincam de fazer cócegas. Esses caras entendem mesmo do riscado. O Pai Chimpanzé é paternal por natureza.

Se tem um pai que entende todas as benesses e as armadilhas da famosa "convivência familiar saudável"...

PARTE OITO

Grávido?

O Pai Grávido

Se ser pai é algo incrivelmente fácil, tornar-se um é incrivelmente simples. Lembrando apenas que envolve, é claro, uma revolução completa na vida da pessoa. E uma recriação dessa vida. Você bate cabeça por aí durante anos a fio sem conseguir entender o sentido da existência ou mesmo descobrir se ela tem algum sentido, e então de repente se vê produzindo um pedacinho de existência você mesmo! A terminologia é bem simples: você está prestes a se transformar no pai de alguém. Um papel que não é, diga-se, para qualquer um – o papel de um herói.

Qual o sentido disso tudo?

abra os braços para o pânico... o pânico é seu amigo...

CALMA, VOCÊ ESTÁ CAAAALMO...

O ANTES

NÃO CRIEMOS PÂNICO

Você está tranquilo no quintal, fumando seu cachimbo e aplainando as prateleiras novas que vai instalar na garagem, quando sua amada aparece agitada na porta da varanda, com marcas de lágrimas nas bochechas, um palitinho usado de teste de farmácia numa das mãos e a garrafa de xerez na outra.

O pânico tem que ser ignorado. Entrar em pânico não é atitude que se espere de um pai

"Amor", ela diz, "eu estou grávida".

Obviamente, a sua primeira reação mais provável será pular de alegria. Talvez você até faça um brinde com o xerez que ela trouxe, mesmo que ainda seja cedo para beber. Talvez vocês deixem as prateleiras de lado e travem uma conversa animada na cozinha sobre a reforma que farão para transformar o quarto de hóspedes nos aposentos do bebê. E depois do jantar, de mais uma dose do xerez e de novas baforadas no cachimbo, você se deliciará com o doce sabor do dever cumprido. As suas funções fisiológicas são perfeitas! Você vai ser... pai. Bem-vindo ao clube, garoto.

Mas quando senta na sua poltrona preferida e tira os sapatos para relaxar, você começa a sentir um desconforto ligeiro, uma vozinha dissonante em meio à marcha triunfal gloriosa que retumba na sua cabeça. E essa vozinha dissonante parece estar soando cada vez mais alto.

É a voz do pânico, amigo. Um pânico que diz coisas como:

- *Mas e se alguma coisa sair errada na gravidez?*

- *E se eles descobrirem algum problema quando fizerem o ultrassom?*

• *Nós não temos condições de ter um bebê agora. De onde eu vou tirar o dinheiro para isso?*

• *Será que eu já tenho idade ou maturidade para ser pai? Eu acabei de completar 45 anos!*

O pânico tem de ser ignorado. Entrar em pânico não é atitude que se espere de um pai. O futuro pai logo descobrirá fontes de pânico que ele jamais imaginou que existissem. E a missão dele será calar todas elas, ou ao menos mantê-las em um nível administrável. Ele precisa saber conviver com o pânico.

Convivendo com a bola de praia

Muito antes de a criança aparecer na sua vida, o relacionamento conjugal já começará a mudar.

O Pai Iminente provavelmente terá que lidar com uma Mãe Iminente que não para de enjoar, que não tolera determinados cheiros, que desenvolve preferências alimentares pouco ortodoxas e assim por diante.

E, logo, logo, um calombinho aparecerá entre vocês dois. No princípio, você vai achar tudo uma graça – junto com a imagem granulada do ultrassom, ele é a prova cabal da sua grande façanha. Tem uma coisa crescendo ali, e foi você que começou isso (ou ao menos 50% disso). E pode ser até que você arranje um apelido para o feto. Alguma coisa carinhosa do tipo Feijãozinho ou Girino, por exemplo. Mas essa fase passa depressa.

Nos últimos meses até o Dia P, depois que as paredes do quartinho já estiverem pintadas e todos os cobertores e macacõezinhos devidamente lavados e guardados nas gavetas da cômoda Tok&Stok novinha em folha, você vai se sentir vivendo ao lado de uma mulher que enfiou a bola de praia no macacão.

Os ventos da mudança certamente farão girar os moinhos da sua mente quando você se der conta de que a garota que antes lhe parecia absolutamente irresistível naquela sainha preta com salto alto transformou-se nessa pata choca que acaba de cruzar o seu campo de visão arrastando um par de chinelos atoalhados, metida num moletom frouxo e espirrando e assoando ruidosamente o nariz como se isso fosse alguma nova forma de comunicação.

Mas, como o novo homem que é, você certamente não vai se furtar a acompanhar de perto o nascimento da bola de praia, vai? Aquele curso de preparação para o parto, afinal, é ministrado para casais (só tome cuidado para não confundir os encontros com aquele outro tipo de reunião no qual você precisa levantar da cadeira, anunciar o seu nome em voz alta e confessar que é alcoólatra).

A primeira parte do curso costuma ser dedicada a ensinar como respirar e como relaxar – duas habilidades que normalmente não se mostram difíceis de dominar para o Pai Grávido mediano. O problema é que as aulas costumam ser nos dias de semana à noite. Depois de horas de trabalho e de um jantar engolido às pressas, não é raro encontrar três ou quatro futuros pais ressonando nas suas cadeiras depois que termina o exercício de relaxamento. Uns heróis, todos eles.

Mas você não vai ficar o tempo todo só respirando. Tem também a parte de rolar a bola de tênis nas costas da amada, a parte em que você fica ligadão depois de experimentar o aparelho de TENS, a parte em que eles mostram o vídeo de uma mulher parindo numa enorme piscina de plástico com água até a metade (e, pode apostar, os gritos dela continuarão ecoando na sua cabeça meses mais tarde).

Duas dicas rápidas:

Se lhe pedirem para desenhar uma figura com pilot numa folha de papel A4, tenha em mente que pode ser que você precise movimentar a pelve no formato dessa mesma figura ao final da aula. Ou seja, o sujeito que inventar de fazer um dodecaedro estará comprando seu passaporte para o hospital.

Não vá se oferecendo como voluntário para qualquer coisa que inventarem, ou você acabará de braços dados com um bando de outros paspalhos de aparência cansada simulando as contrações de uma parede uterina na tentativa de empurrar um almofadão azul pelo canal vaginal precariamente improvisado por um técnico de informática chamado Jorge e um gerente de pet-shop chamado Horácio.

Imagine uma versão de ciranda de fim de festa com zero de graduação alcoólica e levada a sério, que só vai terminar quando a mulher lá na frente bater palmas e exclamar num tom empolgado: "Muito bem, rapazes! Vocês fizeram direitinho! Não fizeram, meninas?". É, serve como uma bela prévia da série de humilhações compulsórias trazidas pela paternidade.

DANDO ADEUS A VOCÊ MESMO

Futuros pais – especialmente aqueles felizes com a sua nova condição – muitas vezes não se dão conta de um dos aspectos mais dramáticos do ingresso na paternidade. Não importa quem você seja ou pense ser: essa pessoa deixará de existir. Para dizer da forma mais simples: já era, amigo.

Se a essência de um sujeito é o que ele pensa e faz – como deve ser mesmo – então pode dar tchauzinho para o seu velho eu

Mas, mesmo que alguém ainda tente alertá-lo para isso, você não vai acreditar. Tudo bem que ter um filho impõe algumas limitações à sua liberdade, e que certamente você vai passar algumas noites sem dormir. Mas não é isso que vai mudar a essência de uma pessoa, certo? Você é quem você é e ponto final. Certo?

Errado, companheiro. Erradíssimo.

O que o Pai Grávido ignora é que não tem como a sua essência não mudar, porque afinal haverá mais de você neste mundo. Isso mesmo, mais de você. O serzinho que está chegando será uma parte sua.

A futura mãe já sabe disso por experiência própria há muitos meses, mas o pai só vai captar a mensagem quando tiver o bebê chorão nos braços. Se a essência de um sujeito é o que ele pensa e faz – como deve ser mesmo – então pode dar tchauzinho para o seu velho eu.

A partir de agora, o seu pensamento será mais povoado de frases como "precisa segurar a cabecinha dele!" e "será que já está na hora de trocar a fralda de novo?" do que "acho que vou pedir mais uma cerveja" e "humm, tudo o que eu preciso é de mais uma horinha de sono". Mas tudo isso são bobagens superficiais. A mudança mais fundamental é filosófica, é existencial, é até mesmo... eu diria... espiritual.

Porque ter um filho é se tornar – paradoxalmente – mais mortal e menos mortal ao mesmo tempo. Você

se torna menos mortal porque acaba de surgir uma outra parte da sua essência novinha em folha, que dará continuidade ao que você é. Ao mesmo tempo, você sente muito mais o peso da própria mortalidade, porque afinal alguém precisa tomar conta dessa vidinha absurdamente frágil que está começando. E esse alguém é você. A sua vida, como dizem por aí, deixa de estar nas suas mãos.

Dinheiro e preocupações

Talvez você tenha nascido numa família de bilionários, herdado uma vasta fortuna e toda a estrutura para continuar gerando mais riqueza ainda e leve uma vida de excessos e opulência sem jamais ter de pensar em trabalhar. E, sendo esse o caso, qualquer hora é boa para a chegada de um bebê.

Para o resto dos mortais, entretanto, como diz o dito popular, nenhuma hora é boa o bastante. O custo médio para se criar uma criança equivale a mais ou menos o preço de uma casa. Ou seja: não espere que o seu extrato bancário vá resistir incólume ao nascimento do bebê.

Um pai sensato, obviamente, procura espremer os gastos para fazer com que eles caibam no orçamento. Mandar criar um enxoval exclusivo para o seu pequeno no ateliê do estilista mais badalado do momento é sempre uma escolha, embora talvez não seja a opção mais razoável na maioria dos casos.

Nessa fase do processo, muitos futuros pais são afetados por um fenômeno chamado de "síndrome do esquilo", que nada mais é do que a obsessão de estocar víveres para tempos de escassez – víveres esses que no caso devem incluir dinheiro, álcool, cigarros, chocolates, kits de ferramentas, peças de automóvel e outras coisas do gênero. Assim como acontece em tempos de racionamento, na guerra, todos esses itens serão valorizadíssimos no mundo pós-bebê.

Sob uma outra perspectiva, você pode pensar que não se trata de se impor um sacrifício financeiro mas sim um investimento. Você estará investindo no futuro do seu filho. Afinal, você só chegou até aqui porque alguém lá atrás investiu no seu futuro.

O DURANTE

NÃO CRIEMOS PÂNICO

Existem táticas simples para eliminar o surgimento de alguns surtos momentâneos de pânico depois que o trabalho de parto começar. A mala da maternidade já deve ter sido arrumada com antecedência, por exemplo. E você deve procurar deixar o carro sempre de tanque cheio (se por acaso a sua mulher acabar tendo de parir no estacionamento da loja de conveniência do posto porque você precisou dar uma paradinha para abastecer e comprar salgadinhos, ela só vai conseguir achar graça dessa situação daqui a muitos anos).

Um trabalho de parto demorado significa ficar preso em casa horas a fio esperando que a situação evolua de algum jeito

Um dos maiores motivos de pânico durante os estágios iniciais do trabalho de parto é a ideia de que o bebê talvez possa nascer antes que vocês consigam chegar até a sala de parto – no corredor do prédio, no banco de trás do carro, no posto 24 horas. Todas essas hipóteses passam pela cabeça do futuro pai.

Isso somado ao fato de que, a menos que o trabalho de parto evolua atipicamente depressa, você não vai conseguir chegar e já ir entrando de primeira na maternidade. De jeito nenhum. A coisa é mais ou menos como tentar passar pela *hostess* daquela boate da moda: sem contrações boas o bastante, você é barrado sem dó.

Um trabalho de parto demorado significa ficar preso em casa horas a fio esperando que a situação evolua de algum jeito. E essa espera toda pode bastar para encher a sua cabeça de preocupações. O melhor que você tem a fazer é tentar se ocupar com alguma coisa útil nesse meio tempo: ingerir algum alimento, ligar para os parentes para mantê-los informados, ver se o carro está mesmo com gasolina no tanque.

Julian

Julian – Um desses tipos raros de homem que tem quadris largos, consegue dobrar o cotovelo ao contrário e é uma negação em esportes com bola. Professor de um curso livre de Análise Cinematográfica na Politécnica de Oxford e casado com uma consultora de parto natural que se orgulha de ter amamentado o filho único do casal até – e um pouquinho além – os 3 anos, Julian não poderia ser um cara mais feliz.

Torne-se útil

Depois que o processo tiver começado de verdade e vocês enfim estiverem instalados na sala de parto, a coisa pode ficar bem intensa para os pais. Mas ela é intensa à beça para as mães também. Nunca se esqueça disso.

Pode ser que a sua função principal na sala de parto resuma-se a ir buscar mais uma caneca de chá, ou ir lá fora pedir um daqueles saquinhos de vômito descartáveis

É nessas horas que todo aquele papo de "na alegria e na tristeza", que pareceu tão bacana diante do padre, começa a voltar para puxar o pé do sujeito. Ver a mulher que você ama sentindo dor e não poder fazer nada para ajudar, além de ficar num canto lendo o jornal, não é nada fácil.

Você certamente vai se sentir impelido a ser útil e prestativo de alguma maneira. Afinal, o seu papel é sem dúvida o mais fácil dos dois únicos disponíveis para essa situação – é bom manter isso em mente. O que não quer dizer que você deva sair correndo para esfregar bolas de tênis nas costas de ninguém. Calma. Deixe a esposa dizer o que ela quer que você faça para ajudar.

Muitas vezes, as enfermeiras largam você entregue à própria sorte, supondo que em caso de real necessidade alguém poderá gritar por elas ou coisa parecida. Assim, pode ser que a sua função principal na sala de parto resuma-se a ir buscar mais uma caneca de chá, ou ir lá fora pedir um daqueles saquinhos de vômito descartáveis, ou ainda voltar mais uma vez até o carro para ver se consegue achar o CD do *Canto dos pássaros no jardim primaveril*.

O mito do tornar-se útil

Parir é uma prerrogativa feminina.

Vai chegar um momento em que todas as bolas de tênis, máscaras de oxigênio e tabletes de dextrose se tornarão irrelevantes e não haverá mais nada para buscar (fora a câmera). O momento em que o grande papel do Pai Iminente será, basicamente, deixar a Mãe Iminente em paz.

Mas isso pode variar muito de caso para caso. Há parideiras que nem chegam a reparar na presença do pai da criança gravitando na periferia da sua experiência natal, enquanto outras precisarão de alguém para fazer a contagem e respirar junto com elas.

Talvez você se sinta meio ridículo quando estiver sentado lá dizendo "Respire, empurre. Vamos lá, mais uma vez. Agora força. Eu sei que você pode fazer mais força! Força! Agora não, espere! Espere! Respire, respire de novo. E força! Mais forte! Só mais um pouquinho. Foooorça!", mas isso não será muito sacrificante se comparado ao desgaste físico intenso da outra parte.

Pense em como seriam as coisas se você não estivesse ali. É provável que não muito diferentes. Durante séculos – e mesmo até hoje, em muitas culturas –, o parto aconteceu sem a presença paterna. Não vá se iludir achando que você é muito necessário nessa hora.

A equipe

Se há algo no milagre do nascimento capaz de extrair risadas de um par de lábios tensos de preocupação, esse alívio cômico certamente se chama equipe hospitalar. Os caras realmente se esforçam para dar um ar nonsense de *sitcom* à coisa toda.

Os caras realmente se esforçam para dar um ar nonsense de *sitcom* à coisa toda

O arsenal de *gags* que eles trazem na manga para fazer você dar boas risadas e esquecer as preocupações parece inesgotável. Não perca o número da cama com colchão regulável, que primeiro não sobe de jeito nenhum e depois fica caindo o tempo todo; o da consultora de parto que insiste em chamar você pelo nome trocado e o da sensacional enfermeira que entra na sala, liga um rádio sintonizado no programa mais baixo nível do *dial* e sai como se nada fosse.

Fique também ligado na máquina de monitoramento fetal que para de funcionar só para ver se você está prestando atenção, e na auxiliar que abre um amplo sorriso para perguntar se você já visitou o aconchegante café do segundo andar, enquanto aperta um botão vermelho enorme onde está escrito *Emergência*.

Mas, sejamos justos: no fim das contas, todos eles realmente ajudam o seu bebê a chegar em segurança a este mundo, e é apenas essa performance que cabe a você avaliar. E viva a equipe!

Sangue

Não nos esqueçamos de que todo nascimento tem um ângulo, digamos, mais visceral, um ângulo que os antepassados do futuro pai atual não eram forçados a encarar.

A obrigatoriedade da presença do Pai Moderno na hora P, quaisquer que sejam as razões, significa que provavelmente o sujeito vai ver sangue. Uma quantidade surpreendente de sangue.

De repente, parece que ele está por toda parte – nos lençóis, no chão, no médico – e a sensação que isso provoca pode não ser das mais agradáveis. Felizmente, a menos que o processo tenha realmente saído de controle, o sangue não será seu. Infelizmente, ele será o sangue da sua amada.

Nesse exato momento, você não poderia estar mais distante daquela imagem clássica do bebê fofíssimo de macacãozinho azul com touca combinando dormindo placidamente no berçário. O sangue é o momento *Alien* do processo, o momento Mundo Animal. É o momento que fala a língua do pai.

Cara a cara com a bola de praia

E então você vislumbra uma figura minúscula nas mãos enluvadas de alguém, uma criaturinha com a pele rosada coberta de sangue e gosma amarela. As mãos limpam uma parte da gosma e do sangue com uma toalha, embrulham o pequeno ser bem firme dentro de um cobertor e o entregam a você.

E a sensação é de choque, de certa forma. Como pode ser? Tudo bem que você passou meses esperando, vendo o calombinho crescer e colecionando as fotos do ultrassom. Mas ficar assim cara a cara com a realidade do processo tira o chão do sujeito.

Pois aí está ela – contorcendo o corpinho e chorando aquele choro meio rouco – a *realidade do processo*. Na primeira vez em que o homem toma um filho nos braços, está sendo apresentado a ele. Todas as imagens vagas que você montou mentalmente de como o seu filho seria desaparecem na hora. Agora é o momento do "muito prazer". O esperado bebê já está nos seus braços sob a forma de uma pessoinha gorducha, ensanguentada e gorgolejante.

Ora, ora. Então aquilo debaixo da jardineira não era *mesmo* uma bola de praia!

O Novo Você

Negação, revolta, aceitação?

Agora o carrinho da montanha-russa está despencando a toda velocidade. Você está de telefone em punho dando a notícia aos parentes, os familiares mais próximos já chegaram à maternidade e para onde quer que se olhe só há rostos alegres.

Bem, é agora que ela começa. A fase seguinte da sua vida

Você se sente como um garimpeiro que achou uma pepita enorme de ouro e todos são incansáveis em admirá-la e sorrir para ela com cara de bobos. Nós sobrevivemos – você repete para si mesmo – está tudo certo. Tudo certo, não. Tudo lindo.

Você. É. Um. PAI.

Cuidado! A pressão do cotidiano, junto com o desaparecimento súbito daqueles hormônios do bem-estar que passaram meses inundando o organismo da mãe, pode estar prestes a desabar sobre a sua cabeça.

De uma hora para outra, todo aquele clima teatral que permeia o fato do nascimento de uma criança se esvai. O início do trabalho de parto, a corrida para o hospital, a romaria familiar para adorar o recém-chegado, o momento solene da saída da maternidade – tudo isso é passado agora. Você chega em casa, põe a água do chá para ferver, deixa o pequeno no bebê-conforto zero quilômetro e... fica lá sentado olhando para ele. E agora?

Bem, é agora que ela começa. A fase seguinte da sua vida. Ao longo das próximas semanas, você já entra em contato direto com a dureza da sua paternidade recém-adquirida. O nascimento deixou a família inteira exausta e, antes que qualquer um tenha tempo de se recuperar, o novo regime de ser acordado a intervalos regulares pelo som inédito de um chorinho muito agudo já passa a vigorar.

O resultado disso é a exaustão completa. Você se pega na rua imaginando se alguma daquelas pessoas que cruzam o seu caminho também estava acordada às 4 horas da manhã tentando não fechar os olhos enquanto limpava uma golfada do pescoço em plena escuridão.

Tradicionalmente, a reação de uma pessoa a mudanças traumáticas na sua vida passa pelas fases clássicas da negação, revolta e aceitação. Mas isso não se aplica ao caso do Novo Pai. Para ele, por estranho que pareça, a aceitação vem antes da negação. E a revolta – embora possa chegar a mostrar suas garras – não parece muito apropriada. *É só um bebê, caramba!*

Necessidades fisiológicas

Um bebê não é capaz de cuidar da própria higiene. Ele vai depender da sua ajuda para conseguir se manter limpo. Por anos a fio.

Não há como pular essa parte, amigo. Você vai ter que lidar com a urina e as fezes, com o mijo e a merda ou, para usar o seu novo vocabulário recém-incorporado, o pipi e a caca.

Não há como pular essa parte, amigo. Você vai ter que lidar com a urina e as fezes

Antigamente, zelar pela higiene do recém-nascido era tarefa exclusiva da mãe. O pai podia cuidar das suas ferramentas na garagem, dar um polimento no carango ou uma escapada para um chope no boteco que ninguém acharia nada de mais.

Mas o mundo está mudado. Aquele tempo em que o pai, que precisava ficar cuidando do bebê por meia horinha, ligava para o Corpo de Bombeiros se percebia que a fralda precisava ser trocada felizmente ficou no passado.

Do Pai Moderno, espera-se que ele faça a sua parte na hora de remover resíduos desagradáveis dos fundilhos de seu rebento e cuide para que ele fique sempre livre de manchas e cheiros suspeitos. O que na teoria parece até muito razoável. Mas a prática não é fácil, pode acreditar. E a situação só piora quando o pirralho passa do leite para os alimentos sólidos.

Uma coisa que definitivamente desperta o instinto de urso protetor de um pai é a fragilidade flagrante do corpinho do bebê. Quando o sujeito toma seu filho nos braços, ele não se sente poderoso, mas sim responsável. E quando aquele corpinho fica abatido por alguma doença, assadura ou alergia, tudo o que o pai quer é fazer com que o incômodo vá embora, e depressa – de preferência com a mãe ao lado para lhe dizer como conseguir isso.

Um ataque de tosse, uma golfada ou um jato de vômito "de verdade" – da parte do bebê, bem entendido – já bastam para fazer o Novo Pai ter verdadeiros surtos de ansiedade e desespero. Mas nós levamos vidas de verdade num mundo de verdade, e vez por outra todos os bebês adoecem mesmo. Com o tempo, o Novo Pai vai aprendendo maneiras melhores de administrar a própria apreensão, mas muitas vezes sair correndo para o pronto-socorro às 3 horas da manhã pode ser mesmo o melhor a fazer.

O fato é que o corpinho de um bebê não para um segundo, mesmo quando o pequeno ainda não consegue fazer muita coisa com ele. Dormir no mesmo quarto de um recém-nascido é uma experiência inesquecível. Parece que você está dividindo a cama com uma ninhada de texugos.

O bebê ronca e funga, tosse e soluça, ressona, suspira, geme e arrota e solta pum. Quase sempre tudo ao mesmo tempo.

Escolhendo o carrinho

Muito Novo Pai se mostra inusitadamente interessado em participar do processo da escolha do carrinho.

Talvez seja uma coisa atávica, que tenha a ver com a ligação ancestral entre homens e veículos potentes – coisa de quem jogou supertrunfo demais na infância. E carrinhos também contam como símbolos de status: se você for um cara sofisticado, fará questão de um Bugaboo ou Peg-Perego modernoso; se não, qualquer Galzerano em oferta já serve.

Depois de decidida a marca, o Novo Pai ainda precisará fazer as escolhas mais adequadas numa série de outros quesitos. Um homem deve ser a manifestação viva de seus princípios e valores – inclusive na hora de comprar um carrinho de bebê. Você prefere o estilo "urbano" ou o "esporte"? Já decidiu se vai querer sistema de amortecedor? Conhece este de três rodas? Ou prefere aquele que oferece um kit de transporte completo e acoplável? Sabe quanto precisa de espaço no bagageiro? Cor neutra? É menina? Ah, então vermelho-morango é uma ótima escolha.

...nenhum pai quer passar vexame com seu rebento ao tentar abrir caminho nos corredores apinhados do hipermercado

É, a escolha do carrinho pode ser uma oportunidade de fazer aquela ronda pelos websites de comparação de desempenho entre as marcas de que você tanto gosta – além, claro, de render assunto para o dia do chope com os outros pais. Até porque quem vai ser visto empurrando a geringonça pela cidade é você, não é? E nenhum pai quer passar vexame com seu rebento ao tentar abrir caminho nos corredores apinhados do hipermercado.

A vida sem estilo

Você era um sujeito que tinha um estilo de vida. Você tinha programas a fazer. Tinha coisas a comprar no shopping, tinha idas a cafés, bares e boates. Você costumava escapar para finais de semana de pura farra e curtição em cidadezinhas pitorescas e badaladas.

E o que aconteceu? Agora você pega no sono no meio do *Jornal Nacional*, só tem tempo de fazer compras no Paraíso do Bebê e a simples ideia de um fim de semana de agito num lugar pitoresco já parece trabalhosa demais.

O principal motivo por trás de todas essas mudanças na sua maneira de viver é que você se transformou num zumbi. E você se transformou num zumbi porque anda muito, mas muito cansado. Chegou a um ponto de exaustão tal que está começando a se sentir – mesmo sendo o machão que é – prestes a explodir em lágrimas durante a maior parte do tempo.

Por que ela não para de chorar?

Por que ela não para de chorar? Por que ele não quer comer? Esse tipo de coisa pode não parecer tão sério assim, mas quando você está tão exausto que sente os olhos cheios de areia, quando a visão da colher de papinha que está tentando meter naquela boca melada o faz pensar na história do camelo passando pelo buraco da agulha, você começa a sentir que só pode estar perdendo o controle da situação.

E é aí que se revela uma verdade triste e inegável: você não está mais no controle faz tempo. Transformou-se no servo da sua criação. A notícia da gravidez provavelmente fez você se sentir como um deus. Com o fim dela, o jogo vira depressa. É o momento Frankenstein.

As velhinhas na rua

Uma coisa bacana de empurrar o carrinho do seu filho ou sua filha por aí é que muitas pessoas sentem uma atração irresistível por bebezinhos. E saiba que a maior parte delas é do sexo feminino, e que quase todas já estão na terceira idade.

Se escolher o dia e o horário certos, você não vai nem precisar andar muito para topar com elas. As manhãs de quinta-feira são um bom exemplo. É o dia em que sai o dinheiro da pensão, e as vovozinhas – sensatas como são – gostam de pular cedo da cama para resolver logo o que têm a fazer.

As velhinhas na rua já viram a vida passar, sabem tudo sobre o passar das gerações. Elas são sócias seniores de um clube para o qual você entrou não faz nem um mês.

E não têm papas na língua, essas damas. Para elas, a olhadinha discreta e o sorriso cheio de empatia não bastam. Não mesmo. Elas caminham decididas na sua direção, muitas vezes ignorando a pessoa que está por trás do carrinho, e já vão disparando suas observações sem cerimônia:

"Com quanto tempo ele está?"

Ou:

"Ah, que cabelinho lindo ela tem!"

Ou então:

"As mãos dele parecem garrinhas em miniatura, você não acha?"

E, nessa hora, só cabe a você sorrir, olhar para o seu primogênito e responder a duas ou três perguntinhas básicas. Saboreie a adoração que o seu rebento desperta, porque ela certamente é bem merecida.

As outras mulheres

Vez por outra você vai também travar conversas com mulheres que não são velhas. Mulheres, aliás, com quem você estaria fazendo de tudo para conseguir conversar se não fosse casado e não tivesse um filho.

Isso pode parecer mais promissor do que ser atacado por senhorinhas de chapéu e guarda-chuva cheias de amor para dar. Mas na verdade não é. Porque sempre que a interlocutora ocasional for uma mulher jovem e atraente, você vai sair da conversa sentindo sobre os ombros todo o peso da sua nova condição... e um tanto desapontado consigo mesmo por causa disso. É, ninguém disse que a paternidade seria um caminho fácil.

Pa... pa

Você estará finalmente instalado de fato na condição de pai quando se desapegar do antigo “eu” e aceitar as suas novas posturas diante da vida. Depois que seus valores paternais se revelarem completamente a você e, por causa deles, você tiver se transformado em uma pessoa diferente e mais completa. Só tenha cuidado para não se encher demais com toda essa “completude”.

E, daqui a algum tempo, sua cara-metade voltará a mostrar interesse naquilo que em primeiro lugar fez você se tornar um pai.

Uma coisa boa a fazer é tentar guardar um pouco do seu velho eu nos ponteiros da balança. Embora os seus músculos dos braços e das costas possam até melhorar graças aos levantamentos de peso diários que chegaram com a nova vida, no estado de esgotamento constante em que o pai se encontra ele corre sério risco de se transformar num balofo.

Muito Novo Pai talvez se sinta tentado a relaxar e deixar o barco correr solto. Não faça isso. Seus filhos vão precisar que você esteja saudável e em forma quando chegar a época dos jogos escolares. E, daqui a algum tempo, sua cara-metade voltará a mostrar interesse naquilo que em primeiro lugar fez você se tornar um pai.

PARTE NOVE

Como ser pai

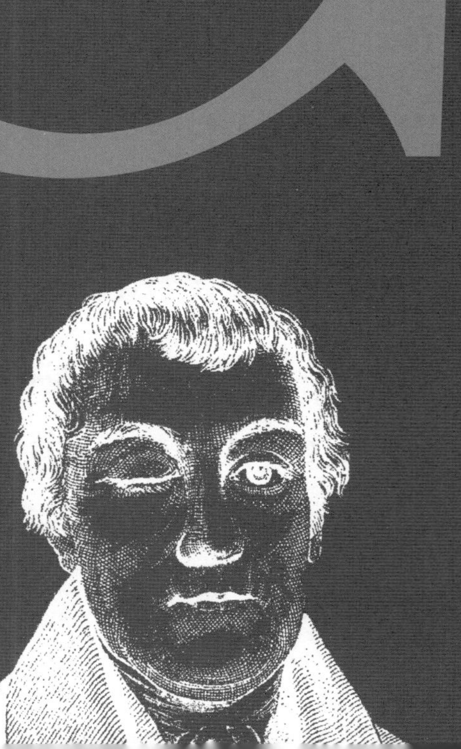

Como ser pai

Pais têm suas manhas e manias. Certos jeitos paternos de fazer as coisas são como atos naturais para o patriarca da família. Escolhas tão confortáveis quanto aquele par de chinelos de andar em casa, ou o velho jeans que você usa para cuidar do jardim. E, mesmo que essas escolhas acabem gerando contratempos às vezes, um pai forte e cioso da sua posição jamais admite a derrota. Até porque não se trata de um emprego comum, do qual você possa pedir demissão a qualquer momento se quiser. A sua missão nesse caso é continuar insistindo até conseguir enfim acertar, até que a mãe mande você parar ou até que você morra. E se foi a primeira possibilidade que lhe pareceu a mais desejável, meu amigo, então eu tenho algumas dicas que podem ser úteis.

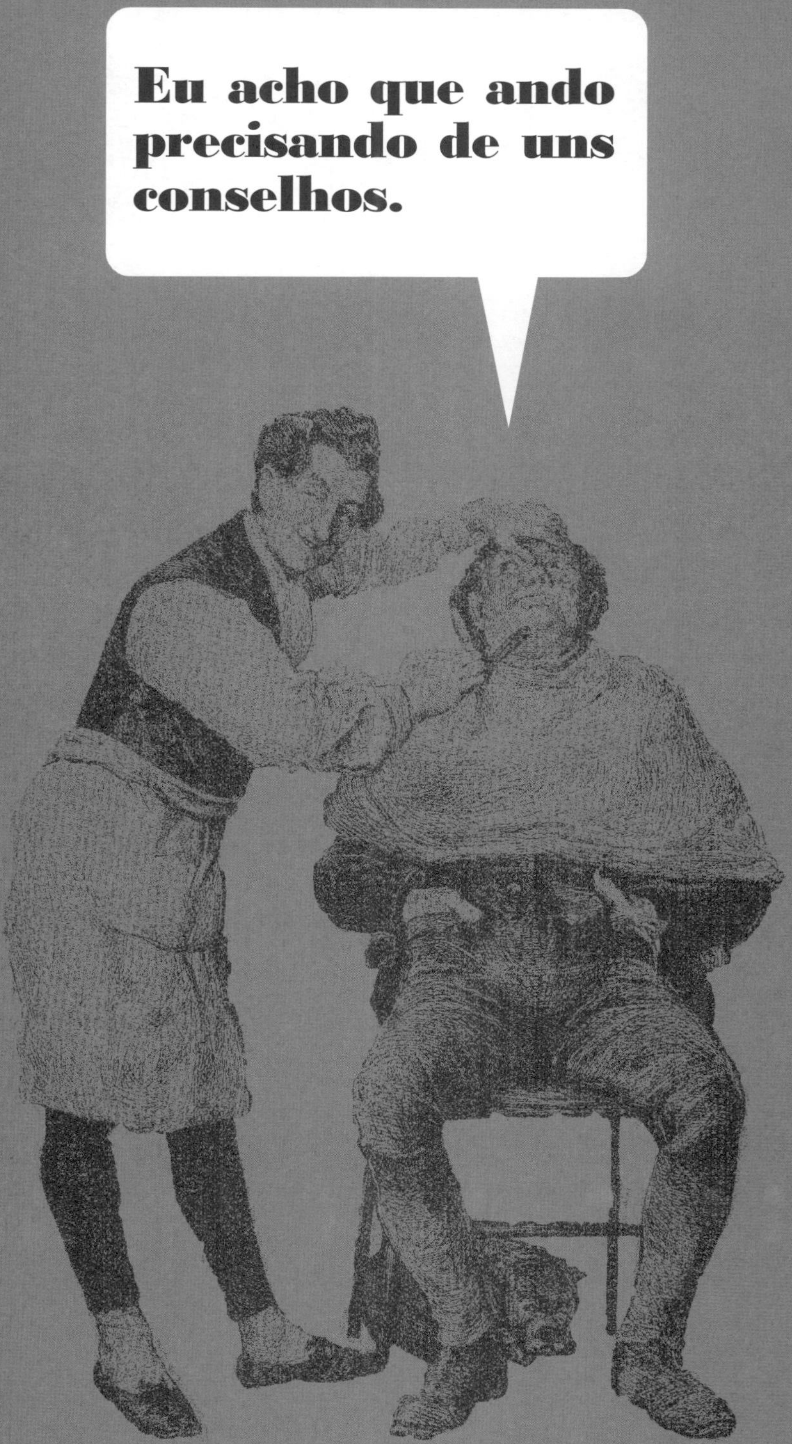
Eu acho que ando precisando de uns conselhos.

Como lavar o carro

Na hora de dar um trato no carango, existem duas abordagens básicas que um pai pode adotar. O esquema de lavagem de carro mais fácil é não lavá-lo nunca. Uma ideia bacana e simples, não é? Mas pode esquecer. Mesmo que você tenha um desses 4x4 pretos que parecem *pedir* um visual sujo, a mãe jamais vai concordar com isso.

> **Mesmo que você tenha um desses 4x4 pretos que parecem *pedir* um visual sujo, a mãe jamais vai concordar com isso**

No extremo oposto, temos a alternativa mais conservadora de arregaçar as mangas e lavar o carro, religiosamente, todos os domingos de manhã. Essa costuma ser a abordagem preferida pelos pais conscienciosos e organizados, porque ajuda a dar bom exemplo e favorece agregar a participação das crianças, fazendo com que elas fiquem felizes por ajudar o papai, sintam-se crescidas e importantes etc.

A prática de lavar o carro aos domingos costuma ser acompanhada do hábito de manter um registro completo e detalhado de todas as passagens pela oficina e de guardar as notas de todo e qualquer gasto relacionado ao carro em questão durante a sua vida útil.

Existe, entretanto, uma terceira abordagem muito conveniente e que faz a linha "nem tanto ao mar, nem tanto à terra". Simplesmente lembre-se de dar uma passada num lava-rápido a cada um ou dois meses (e também antes de visitar os sogros), de levar o carro para a revisão obrigatória ou de qualquer outra situação na qual passar a imagem de pai consciencioso e organizado se faça necessário. Assim como em todas as tarefas associadas à paternidade, tudo é uma questão de encontrar um ritmo próprio e se ajustar a ele.

Como aparar a grama

Se você está achando que cortar grama é uma das atribuições mais fáceis e tranquilas na vida de um pai, prepare-se para abandonar essa visão simplista. Os pré-requisitos são bem básicos, é verdade: um gramado, um cortador de grama e um dia sem chuva. Mas não há como ignorar o fato de que, sob diversos aspectos, aparar a grama é uma missão paterna das mais importantes.

Para começar, ela é uma das maneiras de o pai inspecionar o lado de fora dos seus domínios – sejam eles uma mansão em Surrey com oito hectares de jardins, um pasto cercado com uma faia de tronco retorcido plantada no meio ou um sobradinho geminado de dois quartos com um modesto gramado de 3 x 2 na parte de trás.

Como todo pai sabe, o cortador de grama é um símbolo franco e direto do seu status patriarcal. Certo pai pode se sentir inclinado a optar por um cortador potente, tipo carrinho com motor a gasolina e banco de couro para o operador, enquanto outro talvez se contente com (e só tenha fôlego financeiro para) um kit de cortar grama com peças em papelão descartável do tipo "monte você mesmo". Seja como for, porém, lembre-se: tesourão e foice não são ferramentas que combinem com o pai do século XXI.

Quanto ao método de execução, o pai pode optar pelo sistema de listras ou pelo de rodelas. O primeiro envolve o deslocamento em linhas paralelas, e o segundo, em círculos concêntricos. O das listras é mais fácil. Sem falar que, de modo geral, optar pelas rodelas é coisa de pais um tanto extravagantes.

Mas, desde que seu gramado tenha dimensões adequadas para isso, também é possível desenhar figuras ou até escrever palavras enquanto usa o cortador. Para pais com a sensibilidade aflorada, o gramado será uma convidativa tela em branco. Lembrando que, se o seu temor da ira da mãe for muito grande, você sempre poderá passar a lâmina e podar seus arroubos artísticos depois de concluída a obra.

A propósito, seja cuidadoso ao fazer isso – não raro, vestígios da traquinagem resistem à ação do cortador. E você não vai gostar de ver qualquer sinal, por menor que seja, da inscrição *Sogra não entra* em letras garrafais decorando o jardim da frente até terminar o verão.

Como bancar o faz-tudo

Faça você mesmo. *Yeah!* Viva! A abreviatura perfeita para essa expressão certamente é D.E.P. – Domínio Exclusivo do Pai.

O faça-você-mesmo é um território cravado no coração da Pailândia,

O faça-você-mesmo é um território cravado no coração da Pailândia, uma paisagem repleta de escadas e caixas de ladrilhos, de capas antirrespingos e latas de tinta, onde o pai e seus apetrechos recém-adquiridos enfrentam as forças traiçoeiras do tédio, da decadência e da dilapidação.

E o mais fantástico sobre o faça-você-mesmo é que o conceito oferece uma multiplicidade de caminhos através dos quais um pai pode reafirmar o seu valor heroico como dono da casa. Mas já chega de palavras bonitas. Quer saber onde foi que essa história começou?

A febre do faça-você-mesmo entre os pais deve ser resultado tanto do passado remoto da humanidade nas cavernas quanto da recente explosão das megalojas de materiais para o faz-tudo de ocasião e da moda dos programas de TV com dicas básicas de construção.

Pego no meio desse torvelinho, o pai começa a sentir um impulso incontrolável de trocar os ladrilhos do banheiro, consertar todas as torneiras pingando que vê pela frente e pôr abaixo aquela parede lateral da cozinha. Ou talvez, no mundo real, ele precise mesmo que a mãe dê um empurrãozinho para levá-lo a fazer contato com esse tipo de instinto. Mas o fato é que, uma vez em ação, poucos pais resistem ao entusiasmo de ver um conserto doméstico concluído com sucesso.

E pode-se dizer que, além de comparável ao impulso feminino da redecoração, a mania paterna do faça-você-mesmo o completa. Desde o projeto original do quartinho do bebê no começo do casamento até a renovação da cozinha e do banheiro na fase da maturidade conjugal, a mãe serve como a grande bússola de orientação do pai: ela é a sua arquiteta, sua designer, decoradora e guru. O impulso faça-você-mesmo do pai muitas vezes nasce do sonho da mãe.

Mas não nos desviemos do caráter de exclusividade paterna que dá o tom aqui. A mãe pode até contribuir com uns palpites, só que de maneira geral o momento de se entregar ao faça-você-mesmo é o "tempo de qualidade" do pai. Em companhia dele mesmo.

Envolvido com questões palpáveis como saber quantas polegadas tem o ralo da pia ou por que a bolhinha do nível não fica no lugar, o pai tem a chance de se sentir realmente à frente de um projeto. Ele está promovendo melhorias no seu lar, aparando as arestas com as próprias mãos, fazendo o que pode pela sua família. Ele está sendo pai, na acepção mais pura do termo.

E, nesse sentido, a magia do faça-você-mesmo está no seu poder agregador. O pai que renova o telhamento do seu chalé de veraneio ou troca a carrapeta da torneira do banheiro está ali fazendo a sua parte para transformar o mundo num lugar melhor.

E ele sabe que poderá limpar a testa com a manga da camisa, suspirar enfaticamente, deixar as ferramentas de lado e, com um sorriso confiante e empapado de suor, dizer para a mãe alguma coisa como *Agora está na hora da nossa caneca de chá, não é?*, na certeza de que ela irá demonstrar o seu agrado mais tarde daquela maneira toda especial.

Trocar uma lâmpada

não tem nem de longe o mesmo apelo erótico que reformar o gramado do quintal dos fundos ou instalar um painel de azulejos decorativos no banheiro da suíte

Mas não vá achando que essa espécie de recompensa especial será a mesma para qualquer tarefa que for realizada. Trocar uma lâmpada não tem nem de longe o mesmo apelo erótico que reformar o gramado do quintal dos fundos ou instalar um painel de azulejos decorativos no banheiro da suíte.

Como usar terno e gravata

Lá no fundo, pais são apenas garotinhos que cresceram e formaram as próprias famílias.

Se o pai parar um instante, ele vai ser capaz de se lembrar como se fosse ontem daquela bronca que tomou quando, aos 11 anos, chegou em casa coberto de lama depois de passar a tarde fazendo *bicicross* com os amigos no terreno baldio da esquina.

Ele sabe tudo o que há para saber sobre essa história de enrolar uma faixa de tecido no pescoço e fixá-la no lugar com um nó deslizante

Nunca ocorreu a ele que as suas roupas não fossem capazes de se lavar e passar por si próprias antes de rumarem comportadamente para deitar de novo nas gavetas. Da mesma forma, ele não entendeu nada do ataque histérico da mãe quando ela o viu chegar em casa uma tarde, aos 13, com os dois joelhos da calça e os dois cotovelos do casaco rasgados depois de ter saído de skate com a turma. Por que ele se preocuparia com essas coisas?

Mas, lado a lado com as molecagens comuns da infância, o pai viu surgir aos poucos uma consciência básica sobre os códigos de vestuário da nossa sociedade. Era o uniforme da escola (sem manchas de grama nos joelhos!), o terno em miniatura que lhe compraram quando ele foi pajem no casamento do tio (sua primeira experiência com veludo), a jaqueta que só era usada para visitar os avós.

Se há pais que gostam e se sentem à vontade com um visual mais arrumado, a maioria não é assim. Muitos, por outro lado, fazem os filhos passar vergonha com o seu excesso de informalidade na hora de se vestir. E

tome casaco de jogging por cima daquela jardineira verde-garrafa; e tome calças jeans no manequim errado compradas em brechó. E há ainda aqueles que têm consciência de que de alguma maneira as regras do tempo de colégio – camisa passada, colarinho abotoado, gravata ajustada – conservam sua validade até a idade adulta.

Ao longo de sua vida, o pai mediano já deu milhares de nós em inúmeros modelos diferentes de gravata. Ele sabe tudo o que há para saber sobre essa história de enrolar uma faixa de tecido no pescoço e fixá-la no lugar com um nó deslizante. Por exemplo, que gravatas existem em três calibres, a saber:

- Básica
- Larga
- Estreita

Ou também que elas estão sujeitas a uma coisa chamada "tendências da moda". Todo pai sério irá preferir ficar sempre com a boa e velha modelagem básica, qualquer que seja a tendência do momento que estejam tentando lhe vender. Em entrevistas de emprego ou reuniões importantes, resvalar para uma larga ou uma estreita pode passar a imagem errada.

Mas o melhor visual para um pai de terno e gravata é certamente quando ele está refestelado no sofá, com uma cerveja na mão, o colarinho aberto e o nó frouxo de uma boa gravata básica de seda púrpura pendendo no peito. É o que o pessoal do mundo da moda chamaria de "pai em estado bruto".

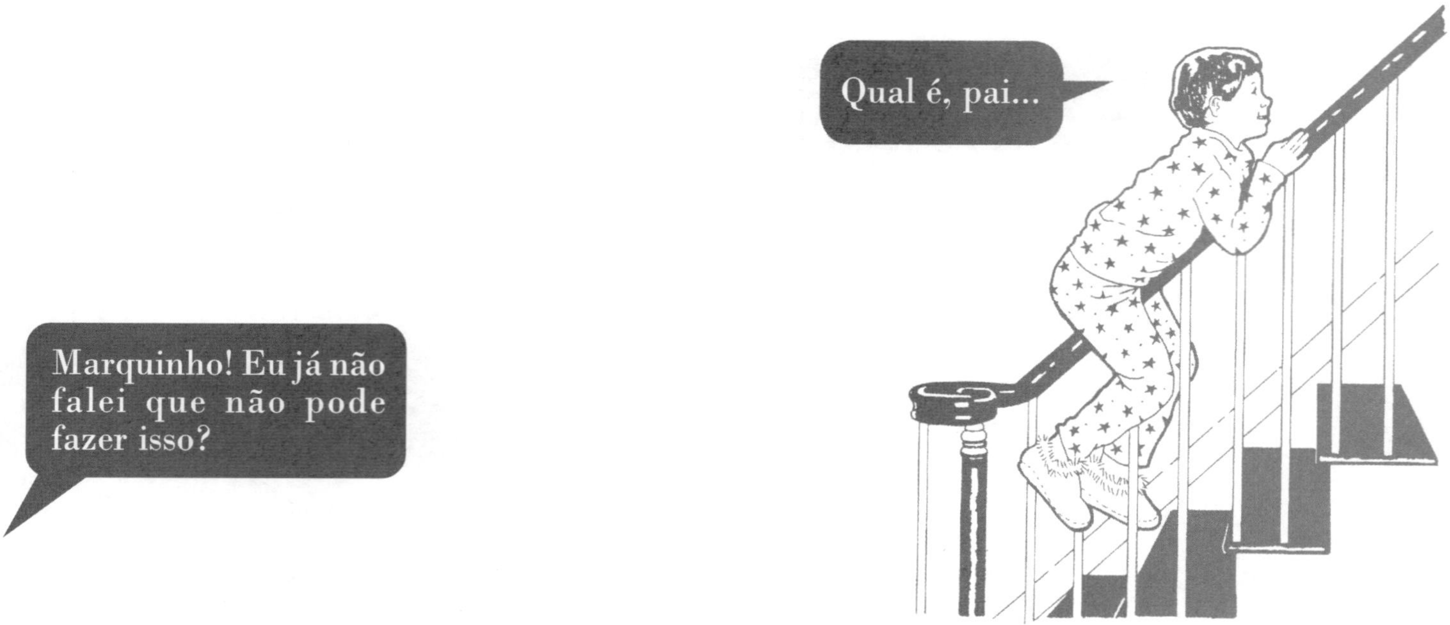

Como repreender/elogiar seus filhos

Um pai sabe que crianças são como bichinhos, que precisam ser domesticadas e humanizadas. O único problema é que, por mais que sejam mesmo criaturinhas selvagens, elas são também seres bastante complexos. Em suma, crianças são pequenos projetos de gente com cérebros ainda em formação.

Se comparado à maior parte dos animais, o recém-nascido humano é basicamente inútil. Assim que sai do ventre da mãe, o pequeno gnu já é capaz de ficar de pé, correr e, com poucas horas de nascido, quem sabe até fugir de eventual predador. Já os nossos bebês passam meses inteiros só para descobrir como se manter sentados.

Mas quando o assunto é adestramento dos pequenos humanos, esse não é nem de longe o maior problema. Crianças precisam aprender a se comportar em um ambiente social e doméstico muito complexo, e é essa questão que costuma estar por trás de qualquer percalço comportamental que você precise enfrentar com seu filho – seja impedir o bebê de atirar papinha pela sala inteira, seja convencer um adolescente de que repetir nas conversas com a avó o vocabulário que ele adquiriu ouvindo as letras do seu último CD de rap pode não ser uma boa ideia.

Como acontece em muitos âmbitos da vida do pai, o velho paradoxo da paternidade também se faz sentir aqui: à medida que o tempo passa, tudo vai ficando melhor e também pior. Melhor porque um belo dia o bebê fofo dá enfim sinais de que já começou a dominar a linguagem falada e assim a comunicação entre vocês tende a ficar bem mais fácil. Pior porque isso vai durar só até o momento em que o diabinho começar a usar suas habilidades linguísticas no contra-ataque.

Uma das missões paternas mais espinhosas é a de tentar infundir um senso de moralidade nas cabecinhas dos seus rebentos, tentar fazer com que eles um dia sejam capazes de pesar os próprios sentimentos e pensamentos em relação aos sentimentos e pensamentos das outras pessoas. Muitos pais não têm sucesso nessa empreitada. Mas talvez você sinta que tudo valeu a pena se, no final das contas, a trabalheira servir ao menos para manter os moleques longe da cadeia.

Felizmente para o pai, ele não está sozinho nessa. A mãe também participa do processo. É importante que os dois se mantenham unidos ao criar um parâmetro uniforme para as broncas e os elogios dirigidos à prole. Caso contrário, os pequenos logo detectarão os sinais de um certo relativismo ético e tratarão de usá-lo para jogar o pai contra a mãe e vice-versa. No fundo, tudo o que esses bichos selvagens que você trouxe da maternidade para casa querem é aprender a ser gente, e eles passam seu tempo procurando conhecer os limites e padrões que regulam a vida em sociedade.

Como qualquer pai poderá atestar, às vezes é uma dificuldade argumentar com as crianças. Os conceitos de certo e errado não parecem impressioná-las de maneira alguma, e qualquer tentativa mais incisiva de fazê-las pensar racionalmente pode provocar uma saraivada de provocações insolentes.

Mas há momentos em que elas estão precisando mesmo é de uma bronca, de alguém que as ponha sob controle. Elas precisam que lhes digam simplesmente que é hora de sentar e comer, de fazer silêncio, de parar de bater nos irmãos, de jogar fora o cachimbo de crack.

Ao longo de muitas gerações, o uso da violência foi um método socialmente aceito para manter as crianças sob controle. De modo geral, bastava um soco, um tapa ou chute vindo de um adulto bem maior e mais forte para resolver a situação. Hoje, entretanto, esse tipo de estratégia paterna não é muito bem-visto. Ainda bem, aliás. Bater em criancinhas só é solução para os brutamontes covardes da escola.

Ainda se discute, entretanto, se um ligeiro tapinha no braço ou na perna seria ou não um recurso aceitável para sinalizar à criança que o pai chegou ao limite da sua paciência e que a situação precisa se resolver já.

Mas, convenhamos, apelar para a palmada seria uma tremenda falta de imaginação. Melhor é tentar pensar em alguma forma mais astuta de punição psicológica – alguma maneira de criar uma ligação direta entre o comportamento aceitável e a quantidade de moedas que chega ao cofrinho do seu filho, por exemplo.

Certamente existem inúmeras maneiras de coagir e socializar uma criança sem que seja preciso voltar ao tempo em que a violência andava à solta nas salas de estar.

Como repreender/elogiar os filhos dos outros

Se adestrar os próprios pequenos selvagens já é complicado, lidar com os filhos dos outros às vezes traz ainda mais dor de cabeça. Afinal, você terá de levar em consideração não só o seu jeito de agir mas também o modo de agir que o responsável pela fera provavelmente iria querer que você adotasse.

O melhor conselho que eu posso lhe dar é que você tente imaginar que está diante de um filho seu. Nunca faltam firmeza e senso de justiça no coração de um pai – e o que for certo há de prevalecer no final.

Chris

Chris – Com seus cabelos cor de areia, o simpático Chris trata bem os animais e faz doações generosas para a caridade, mas infelizmente nunca conseguiu acabar com o problema de ressecamento na pele dos cotovelos. Alto, esbelto e consideravelmente bem-apessoado, Chris cultiva o hábito irritante de ler o jornal alheio no metrô e de se desculpar por coisas que não são culpa dele. A título de curiosidade, vale ressaltar que Chris foi um dos primeiros sujeitos no país a experimentar a Coca Zero quando ela apareceu.

Como dar uma festa

Pré-adolescentes

Todo mundo adora uma festa, e isso inclui as crianças também. Com o tempo, elas começam a entender que podem dar as próprias festas além de serem convidadas para outras. Muito espertinhas, não?

As festas de criança se dividem em espécies distintas, dependendo basicamente da idade do pequeno anfitrião ou anfitriã. Dos 4 ou 5 anos até 9 ou 10, as crianças sonham com determinado tipo de comemoração. Dos 13 ou 14 anos em diante, a ideia de diversão que as atrai passa a ser bem outra. No que diz respeito ao pai, entretanto, os dois modelos de festa têm um potencial desastroso equivalente.

O que acontece é que os pais (e, neste caso, especialmente as mães) tendem a deixar a competitividade lhes subir à cabeça quando se trata de preparar comemorações para os seus filhos. A festa do seu menino simplesmente não pode ficar devendo nada a nenhuma das festas de outras crianças que ele já frequentou na vida, onde as lembrancinhas mirabolantes e o castelo pula-pula em tamanho natural não eram nem a metade das atrações.

E é assim, portanto, que o pai se vê obrigado a penetrar no mundo estratosfericamente caro dos palhaços e dos mágicos com nomes como Bongo ou Marvo, e também daquelas pessoas que ganham a vida contando histórias de animais com nomes idiotas e fazendo esculturas em forma de chapéus ou bicicletas com balões coloridos.

O grande dia em si, por sua própria natureza (imagine mais de uma dúzia de crianças de 5 anos hiperexcitadas por causa da alta dose de açúcar correndo feito doidas, batendo umas nas outras, vomitando no jardim e deixando a desejar na sua habilidade para usar o banheiro... pois é), já tem tudo para se transformar num caos. E você sabe que todas as provações terão que ser estoicamente suportadas até o fim.

De qualquer maneira, o pai agradece aos céus por não estar no lugar da mãe quando a vê na cozinha uma semana antes às voltas com copinhos de gelatina e a massa do bolo. Afinal, a sua função na logística festeira se resume a acender as velas e cuidar para que nenhum dos convidados hiperativos arrume uma queimadura.

O objetivo maior da sua presença ali é simples: garantir que as crianças – especialmente as suas – se divirtam a valer, que nada se quebre e que ninguém se machuque.

Adolescentes

Nas festas para adolescentes, as funções e os objetivos paternos continuam sendo basicamente os mesmos. A diferença é que a chance de estragos cresce na mesma proporção que os corpos dos convidados. Uma boa ideia – se possível – é organizar o evento em um local que não seja a sua casa. Se, no entanto, não houver alternativa a não ser abrir as portas do seu recanto à manada de selvagens, será necessário pensar em algumas regras e medidas básicas de precaução.

Não é que você não possa confiar nos seus filhos. Mas existem pessoas que entram de penetra em festas alheias, especialmente entre os adolescentes. Um pai sabe muito bem disso; afinal, ele mesmo tem o seu passado como "penetra". Sendo assim, ele sabe que é também aconselhável estar preparado para o pior.

Pode ser que o pai decida ficar em casa – tomando conta do castelo, como se diz – do início da festa até a saída do último convidado. Ou então que ele acabe cedendo à torrente interminável de lamúrias e concorde em programar uma saída com a mãe para essa mesma noite. Caso ele fique, terá de enfrentar horas na dura labuta de expulsar os não convidados, monitorar a quantidade de álcool e cigarros consumida por todos os presentes e desencorajar jovens casais de desaparecer atrás de portas fechadas.

Sair acaba sendo a opção mais prática, mas ela requer um pouco mais de coragem e de preparativos prévios. Seria muito trabalhoso transferir a mobília da casa inteira para um único cômodo com tranca e depois enrolar todos os tapetes e levá-los para a garagem? É... acho que sim.

A sugestão talvez pareça drástica demais, mas a alternativa é ter de conviver pelo resto da vida com o tapete do *living* manchado bem no ponto onde aquela mocinha passou mal; com ataques de tristeza toda vez que lembrar que o carrilhão da sua tia-avó nunca mais bateu as horas; e com a ideia perturbadora de que o responsável por derramar no aquário uma quantidade de uísque suficiente para matar até os moluscos que viviam lá continua à solta.

Em todo caso, mesmo a melhor das festas precisa ter hora para acabar. Isso deve ser acertado previamente com seus filhos. Só não tente marcar um horário muito cedo, ou eles se sentirão injustiçados. E, em nome da própria paz de espírito: nem pense em chegar de volta em casa na sua hora habitual de ir para a cama.

Se o horário combinado com as crianças ainda não tiver chegado depois da sessão do cinema, do jantar e dos drinques no bar mais próximo, pode ser que você se veja na situação de não ter mais para onde ir. A solução adotada pela maioria dos pais, então, é estacionar diante da loja de conveniência do posto, abrir um pacote de batata chips e uma lata de refrigerante e fazer hora escutando um noticiário no rádio. A mãe, a essa altura, já adormeceu faz tempo no banco do carona.

Se você for um cara de sorte, quando enfim puder voltar para sua casa irá encontrá-la de pernas para o ar, mas sem nada que tenha um custo financeiro e/ou emocional muito alto para consertar.

Como se comportar nos Jogos Escolares

O tempo voltou a melhorar, o ano letivo está terminando e o nível de empolgação das crianças não para de subir um minuto. Sim, meu amigo, os eventos esportivos organizados pela escola são tudo o que um pai poderia querer. E o melhor é que nem o pai nem a mãe precisam esquentar a cabeça organizando nada desta vez.

Embora exista, é claro, uma outra fonte de preocupação para eles: as provas em si. Além de terem de assistir aos próprios filhos darem tudo de si e oscilarem freneticamente entre os píncaros e os abismos emocionais típicos da infância, vocês terão de vê-los travar disputas esportivas com os filhos de outros pais que também estão ali presentes na torcida. E, para culminar, ainda haverá aquela prova de confraternização em que os pais são chamados a participar. É, nem tudo são flores nos Jogos Escolares.

A competitividade é um troço engraçado. O pai sabe que ela existe, ele a vê em ação todos os dias. Este nosso mundo pode ser um ambiente bem competitivo. Dar conta de proteger os seus filhos dos efeitos nocivos da competitividade sem no entanto deixar de apresentá-los à crueldade que eles enfrentarão no mundo lá fora é um exercício de malabarismo bem difícil para qualquer pai.

E, para culminar, ainda haverá aquela prova de confraternização em que os pais são chamados a participar. É, nem tudo são flores nos Jogos Escolares

No dia dos Jogos Escolares, ele precisará estar preparado para os dois resultados possíveis. O pai pulará de alegria com as crianças e elogiará o esforço que lhes rendeu a vitória. Ou o pai irá solidarizar-se com a sua frustração por ter perdido, dizendo: *O importante é competir, filhão*, e outras frases edificantes e igualmente vagas.

Mas tudo isso estará sempre sujeito a um fator determinante: esse pai tem mesmo alguma inclinação para o esporte? A habilidade esportiva muitas vezes é algo que vem de família – basta perguntar a qualquer criador de cavalos de corrida – e alguns pais encaram os Jogos Escolares como uma oportunidade de reviver as façanhas e a glória da própria juventude. Vez por outra você vai acabar com pena dos filhos de sujeitos assim, mas o mais frequente é que os moleques consigam mesmo atrair a vitória para si como se ela fosse uma espécie de herança genética.

Quando o pai não tem inclinação esportiva, é provável que seus filhos sejam igualmente inábeis para lidar com bolas, redes e afins. E é nessa hora que o desempenho do pai nos cem metros rasos da corrida do ovo na colher faz toda a diferença.

Se os filhos desse pai esforçaram-se para ao menos não chegar em último lugar nas suas provas, o dever dele será tentar fazer a mesma coisa ou sair-se ainda melhor. As crianças gostam de ver você como um vencedor – desde que elas próprias não se sintam perdedoras.

Mas, na eventualidade de elas serem de fato perdedoras, o pai deve conter todo o seu impulso de mostrar aos pestinhas como é que se deve fazer e tornar-se ele mesmo um perdedor. Nem que para isso seja preciso entregar a disputa de bandeja, trapacear no jogo, contrariar todas as expectativas. Nos últimos cinco metros de prova, aclamado de pé pela multidão – todas as mães e pais, todas as crianças e professores, bedéis e tias da merenda na arquibancada –, quando não tiver nada mais à sua frente fora a tentadora fita a ser rompida para a vitória, esse pai deve tropeçar, entortar a colher e fazer o seu ovo tombar dramaticamente no chão. E deve deixar a arena esportiva com as palavras de Marlon Brando ressoando em seus ouvidos – sim, o pai poderia ter sido um campeão.

Ele faz isso pelo seu filhote. Para que os dois possam ser perdedores juntos. Se os Jogos Escolares incluíssem videogame entre as modalidades eu aposto que o desfecho seria bem outro.

Como sobreviver às reuniões de pais

Quando chega o dia da reunião de pais, das duas, uma: ou você descobre que os professores não sabem da missa a metade, ou comprova que quem não sabe de nada é você mesmo. Conversar sobre o seu filho com o professor dele muitas vezes é uma experiência reveladora – não apenas a respeito do júnior, mas do pai também.

Sejam quais forem as lembranças que você guarda dos tempos de escola, procure não assumir uma postura ostensivamente hostil com relação à figura do mestre. Vá até lá de coração aberto; pode ser que você ouça apenas elogios rasgados sobre as qualidades incríveis do seu pequeno gênio. Se for esse o caso, saboreie o momento – os elogios valem para você também, que afinal foi quem criou o moleque.

Ou pode ser que eles tenham más notícias – um discurso em um vocabulário esquisito sugerindo (até onde você conseguiu captar a mensagem) que o seu rebento é uma espécie de monstro sub-humano da idiotice. Comportamento insubordinado, problemas na organização da rotina, dificuldade em demonstrar consideração para com os colegas – prepare-se para ter todo o jargão despejado de uma vez nos seus ouvidos.

Sim, professores são passíveis de cometer enganos e muitas vezes fazem julgamentos precipitados e reavaliações tardias, mas se eles lhe disserem que a sua menina lidera uma gangue de arruaceiros que vem aterrorizando a escola inteira há meses é bem possível que haja um fundo de verdade nisso. Reaja à notícia como o pai equilibrado que você é, sem dar vazão aos primeiros reflexos violentos que lhe ocorrerem.

A relação entre o seu filho e o professor estará esquecida depois de um ano ou um pouco mais, enquanto o laço entre pais e filhos é bem mais perene. A reunião da escola é só um lembrete de que a responsabilidade definitiva recai sobre os ombros do pai. Caso contrário, eles nem se dariam ao trabalho de organizá-la em primeiro lugar.

Como lidar com os sogros

É claro que *a priori* classificar todos os sogros como problemáticos é ceder a um estereótipo idiota e massificante. Mas também não há motivo para não usar essa premissa como ponto de partida. Afinal, não são poucas as ocasiões em que o relacionamento entre o pai e os pais da mãe dos seus filhos pode ser coalhado de desavenças e mal-entendidos.

Porque há muitos pais que precisam desesperadamente de aulas de assertividade e estratégias de superação...

Se por acaso a sua situação é diferente, se você tem um relacionamento ótimo com seus sogros e se dá tão bem com eles ou até melhor do que com os próprios pais, então sorte a sua.

Porque há muitos pais que, para lidar com os sogros, precisam desesperadamente de aulas de assertividade e estratégias de superação. Porque há muitos pais que vivem com a sensação de que o seu lar, o castelo de onde eles são os senhores, vive à mercê da infiltração de uma "quinta coluna" difícil de combater chamada vovó e vovô. Sejam avós maternos ou paternos, essa dupla de invasores de lares tem como missão mimar descaradamente os filhos do pai para em seguida soltar comentários sobre como as crianças de hoje em dia são todas mimadas.

Essa é a especialidade deles.

No caso dos próprios pais, o pai pode escolher enfrentar a situação (usando as estratégias que já adotou faz tempo para lidar com a dupla) ou tratar de mantê-los a uma distância segura, o que costuma ser mais fácil para filhos do sexo masculino. Já com os sogros, a situação fica muito mais delicada.

A mãe gosta de ter seus pais por perto e diz que o contato das crianças com os avós é importante para elas. Mas, sejamos francos, um pai simplesmente não tem como controlar se vai ou não conseguir se entender com seus sogros. Sempre existe a possibilidade de eles terem concluído, antes mesmo de as crianças nascerem, antes de o casamento acontecer ou até muito antes de a ideia do casamento sequer ter aparecido, que aquele sujeito não era o homem ideal para a sua filha.

A forma mais simples de evitar problemas com os sogros é evitando o contato com eles

Isso não significa que um pai determinado nunca possa dobrar uma dupla de sogros descrentes. Às vezes ele vai conseguir isso; outras vezes não.

O que fazer, então? A forma mais simples de evitar problemas com os sogros é evitando o contato com eles. Saia de casa. Sempre que a mãe anunciar que os seus pais estão chegando para uma visita, o pai pode sumir de cena. A oficina da edícula é uma boa opção se você quer passar uma imagem de um cara útil que se "ocupa com a casa"; o bar é a melhor escolha para quem não está nem aí. A estratégia é bem fácil de usar, mas ela não poderá ser empregada em todas as vezes sem despertar suspeitas.

Evitar o contato com os sogros dentro de casa (trocando de cômodo sempre que um deles aparecer) não é recomendado. Assim, quando você for obrigado a conviver com a sua outra família, quando não houver escapatória, a orientação mais fundamental é... não perca a cabeça.

Não importa o nível de provocações, menosprezo e arrogância a que o pai seja submetido; perder as estribeiras com os sogros pode a longo prazo provocar estragos na tranquilidade do seu lar. Talvez, para o pai, ofender duas pessoas que o perturbam tanto não seja um drama de consciência, mas para a mãe será. E o pai acabará se sentindo culpado por expor as crianças a uma briga de família tão feia.

Em casos de emergência máxima, a orientação é passar a bola para a mãe. São os pais dela, afinal; ela que se entenda com eles.

COMO IR ÀS COMPRAS

O pai tem maneiras diferentes de ir às compras; depende do momento. Quando precisa de algo para si mesmo – com exceção das roupas – ele prefere dar vazão às suas raízes primitivas de caçador nômade e sair sozinho.

Para comprar peças de automóvel, equipamentos eletrônicos, apetrechos de jardinagem e ferramentas em geral ele não precisa de companhia. É mais prático e mais rápido ir à caça sozinho.

Já no caso das roupas, ele prefere levar a mãe junto. Desde que o pai mantenha as extravagâncias dela sob controle, a mãe costuma ser boa conselheira. Quando ela o convencer da necessidade de comprar um par de chinelos novos, não vai deixar que ele compre aquele modelo vagabundo com enchimento de papelão e um precinho ótimo nem que se encante pelo chinelo exclusivo incrustado de diamantes. Poxa, é verdade que ele custa uma fortuna, mas tem tocador de MP3 embutido!

Nas compras de artigos para as crianças, também é provável que o pai tenha a companhia da mãe. O papel dele nesse caso (desde as primeiras expedições ao Paraíso do Bebê) será assentir ponderadamente com a cabeça para todas as escolhas que a mãe fizer e sacar a carteira quando chegar ao caixa.

Nas saídas para comprar artigos para a mãe em companhia da própria, o momento de sacar a carteira, aliás, pode se tornar ironicamente a parte mais esperada do passeio.

Ficar sentado numa poltrona puída junto ao provador feminino da loja de departamentos durante quarenta minutos seguidos pode ser uma experiência frustrante e entediante. Se for sensato, o pai se lembrará de levar alguma coisa para ler ou um bloquinho com lápis para fazer listas ou exercícios de desenho enquanto espera, minimizando assim os efeitos do tédio.

Se você for convocado a ajudar na escolha de um casaco, par de sapatos ou qualquer outra peça de vestuário, a melhor maneira de agir é simplesmente escolher a segunda que lhe for mostrada e dizer que gostou dela, mas não sabe por quê. Que só gostou e pronto. E na verdade não será bem uma mentira – é provável que com o tempo você acabe aprendendo a gostar dela mesmo.

A modalidade de compra mais problemática para um pai é adquirir alguma coisa para a mãe sem que ela esteja junto. Depois que as crianças nasceram, provavelmente os casos clássicos de lingerie equivocada já pertencem a um passado distante. E qualquer pai que se preze saberá o manequim que a mãe usa, além de ter ao menos uma vaga ideia sobre os gostos dela.

Mas, quando se vê sozinho na loja, o pai percebe a armadilha que pode ser ter que decidir entre a blusa branca com detalhe cor-de-rosa na gola ou a blusa cor-de-rosa com detalhe branco na gola.

Uma decisão bastante sensata é tomar notas sempre que sai para fazer compras com a mãe. Se ela disser que uma determinada peça "é bonita" você não precisa fazer nada, mas sempre que detectar um tom mais enfático na voz dela procure anotar discretamente (naquele mesmo bloquinho das listas e dos desenhos) qual o item cobiçado, o preço, o nome da loja e algumas dicas básicas sobre onde ele está localizado dentro da loja.

Dessa forma, a chegada do Natal ou do aniversário não pegarão o pai desprevenido. Ele vai mostrar que é um marido atento e, se por acaso a escolha não agradar, sempre poderá justificar-se com um *Mas você disse que tinha gostado!*

Flores – um pequeno aparte

A maior parte das mães gosta de ganhar flores. Elas são vistosas, perfumadas e ajudam a deixar a casa mais bonita. Saiba, porém, que costuma haver ao menos um tipo de flor de que a mãe não gosta. Procure descobrir exatamente qual é.

A maior parte das mães gosta de ganhar flores. Elas são vistosas, perfumadas e ajudam a deixar a casa mais bonita

O processo de escolha da cor traz alguns potenciais riscos embutidos. Se for comprar rosas, todo cuidado é pouco ao afastar-se do vermelho clássico. Não há nada pior do que um presente recebido com uma expressão de mal disfarçado desapontamento.

O mesmo vale para as violetas. Lembre que elas devem ter recebido esse nome por uma razão. Uma razão que a mãe entende e você não. Não tente bancar o herói.

A outra coisa importante é que as flores devem ser compradas mais do que uma ou duas vezes por ano (considere os buquês dos aniversários e do Dia das Mães como obrigatórios, e só deixe o Dia dos Namorados passar em branco se já tiver planejado alguma coisa maior. Mesmo assim, aliás, vale sempre ter um botãozinho na manga por precaução), desde que não se pareçam com um pedido de desculpas. É bom que as flores sejam sempre uma surpresa, mas não aquele tipo de surpresa que deixa as pessoas com um pé atrás.

Como lidar com adolescentes

Adolescentes dão mais trabalho do que uma criança pequena. E ficam acordados até mais tarde; então você terá que enfrentar períodos mais longos de labuta diária. Crianças pequenas compreendem o fato de que não são adultas ainda; adolescentes não têm essa capacidade.

Talvez você ache útil o pai tentar se lembrar da própria juventude. Mas nem sempre é assim. Se ele fizer um esforço de verdade para se lembrar dos detalhes, pode ser que nunca mais consiga confiar nos filhos ou sentir que os conhece a fundo.

Os adolescentes estão a caminho da vida adulta e da mistura de liberdade e responsabilidade que ela traz. Eles começam a sentir-se tentados a experimentar as coisas de adulto – sexo, carros, bebida –, esquecendo que muitos adultos lutam a vida inteira para fazer uso controlado delas e que para eles seria uma batalha perdida de cara.

Como adultos que estão prestes a ser, eles querem e precisam de independência, mas como as crianças que ainda são continuam empenhados em testar limites. E às vezes, não contentes em testá-los, eles se jogam a toda velocidade na direção dos limites ao volante de um carro esporte poderoso, cantando pneus feito doidos. O que fazer com criaturas assim?

Gravidez

A gravidez geralmente é uma coisa maravilhosa e comemorada. Mas nem sempre. Os termos gravidez e adolescente, quando aparecem juntos, evocam matérias em tom de desaprovação em tabloides e revistas de fofoca.

Sendo pai, você tem plena consciência de que os sacrifícios transformadores e a exigência de responsabilidade que chegam com um bebê não combinam muito com o estilo de vida adotado pela maior parte dos adolescentes. E, portanto, precisa empenhar-se seriamente em inculcar na cabecinha dos seus filhos e filhas adolescentes um medo terrível da simples possibilidade de provocar ou contrair uma gravidez.

Se a estratégia não funcionar, ou você esquecer de aplicá-la, prepare-se para lidar com algumas questões muito sérias. Não importa em que imbróglio reprodutivo seus filhos se meteram; o pai precisa manter a calma. Deve haver uma solução. Os bebês estão aí para provar isso. Calma e pragmatismo são as palavras-chave do momento. O pai não vai querer fazer nada que empurre os próprios filhos para longe de si.

Prisão

Atender ao telefone e ser informado de que seu filho Fulano de Tal ou a sua filha Beltrana foram presos é uma experiência pela qual um número surpreendentemente alto de pais acaba passando, cedo ou tarde. E não é surpreendentemente menor o número de pais que, chegando à delegacia para buscar os detidos, pensa: *Ah, sim, eu me lembro deste lugar.*

Para aqueles que por acaso não tenham grande experiência com o sistema penal, é importante ter em mente algumas coisas. Se for um delito menor – furto em loja, baderna, tráfico de animais em extinção –, tudo o que o longo braço da lei provavelmente irá fazer será devolver-lhe o seu filho com uma reprimenda e um olhar de *Tire este amador da minha frente.*

Procure entrar no clima de *Da próxima vez, você não terá a mesma sorte.* Não sorria quando lhe trouxerem o aprendiz de infrator, não diga uma palavra no caminho de volta para casa. Espere ao menos um ou dois dias antes de fazer o seu discurso de *Estou muito desapontado*; deixe um intervalo para ele ou ela ficar no suspense. E, nesse meio tempo, adote uma atitude de raiva e desprezo mal disfarçados. Isso deve bastar para fazer o adolescente voltar ao bom caminho.

Se o moleque foi parar na delegacia pela nona vez, e quando você chega lá ele o cumprimenta fazendo um gesto obsceno, isso é sinal de que há algo de podre no reino do pai. A culpa pode ser sua, ou não. De qualquer maneira, a solução é a mesma.

Se o jovem já tiver idade que o torne apto a sair da casa dos pais, essa pode ser uma medida interessante. Durante um ou dois anos. Depois que a poeira tiver baixado, quem sabe até vocês saiam para comer uma pizza juntos.

Se o adolescente ainda não tiver idade para deixar o ninho, só há uma coisa a fazer: procure a produção de um desses programas vespertinos de TV em que uma banca de especialistas desconstrói a sua vida familiar diante das câmeras e remodela todos vocês como seres humanos mais funcionais. Veja pelo lado bom – ao menos vocês poderão desfrutar dos seus 15 minutos de fama.

PARTE DEZ

Cadê as respostas?

Pergunte ao pai

Pergunte ao pai

Para fins de investigação "protocientífica", um Pai Aleatório (com referências impecáveis) especialmente selecionado foi posto num grande salão sem graça junto com trinta crianças de idades variadas que receberam a orientação de fazer a ele as perguntas que bem entendessem. Os resultados, como veremos, são um misto de esclarecimento e iluminação.

Eu estou pronto!

Raquel, 6 anos:

O QUE É O ARCO-ÍRIS?

O pai: Ora, você fez uma pergunta muito interessante. E, por acaso, eu sei a resposta. O arco-íris só aparece quando está fazendo sol e chovendo ao mesmo tempo, não é? Pois então. Sol mais chuva é igual a arco-íris.

O motivo pelo qual o arco-íris tem todas aquelas cores diferentes é que a luz do sol é feita da soma de um monte de cores diferentes. Mas você só consegue ver todas elas quando está chovendo. E por que ele tem forma de curva? Ele tem forma de curva porque... a luz é... dobrável?

Gil, 5 anos:

PARA ONDE O SOL VAI DE NOITE?

O pai: Na verdade ele não vai a lugar algum. Mas na nossa experiência, do nosso ponto de vista, ou num sentido poético, por assim dizer, ele se vai. O fim do dia, a escuridão, o sono da humanidade povoado de sonhos e pesadelos, a flutuação da grande polaridade que domina a nossa existência. É... num certo sentido, o sol se vai mesmo.

Na verdade, o nosso mundo gira. Então, durante algumas horas do dia nós ficamos do lado de onde não dá para ver o sol. Eu gostaria de prosseguir nesse assunto com você, Gil, mas estou me sentindo meio tonto no momento. Espere um pouco.

Samantha, 3 anos:

DE ONDE VÊM OS BEBÊS?

O pai: Eu não sei... Também já andei me perguntando isso, sabe? Você já perguntou à sua mãe? Ah, ela disse que o bebê vem de uma sementinha? Não parece muito provável, né? Mas veja, você mesma outro dia ainda era um bebê – será que não se lembra de onde veio? É, às vezes é difícil lembrar mesmo. Ei, que sapatos bonitos você está usando!

Daniel, 8 anos:

COMO É A SENSAÇÃO DE FICAR BÊBADO?

O pai: Você já fez 8 anos e ainda vem me perguntar uma coisa dessas? Bem, se é que você ainda não sabe mesmo, existem tipos diferentes de bebedeira. Quando você toma algumas cervejas, pode ficar se sentindo meio alto, zonzo ou alegrinho, e essa sensação é bem divertida.

Se beber mais algumas, vai se sentir muito *alto*, torto e encharcado, e isso também é divertido. Se continuar bebendo mais cervejas, vai se sentir chapado, acabado e moído, e aí a coisa deixa de ser tão divertida assim.

E se conseguir beber mais ainda depois desse ponto você vai se sentir fora de controle, muito fora de controle ou inconsciente, e isso não tem nenhuma graça. Mas eu continuo achando que você já sabia de tudo isso. Acertei? Hein?

Jane, 11 anos:

QUEM INVENTOU O DINHEIRO?

O pai: Mas que pergunta genial! Você deve ser aquilo que chamam de criança prodígio, não é mesmo? Quem inventou o dinheiro. Eu sei lá. Bem que podia ter sido eu. Aposto que estaria rico a essa altura, não é? Caramba...

Nunca me fizeram essa pergunta antes. Você é filha de pais professores, por acaso? Os meus filhos nunca me fizeram essa pergunta. E com certeza é uma pergunta das melhores. Se um dia você precisar ser adotada, fique com o meu cartão.

Guilherme, 13 anos:

Por que as crianças não podem dirigir carros?

O pai: Mas as crianças dirigem carros. Sempre que eu saio de carro vejo montes de crianças dirigindo à minha volta. Só que são crianças entre os 17 e os 30 anos de idade.

Porque você precisa esperar sua vez, ora. Por que não experimenta um kart? Eles deixam as crianças pilotarem karts. E karts são iguaizinhos aos carros, só que sem a carroceria. De mais a mais, o preço da manutenção de um carro jamais caberia na mesada da maior parte das crianças. Nem pense em sair dirigindo um carro antes de ter um emprego. Ou talvez dois.

Jaime, 7 anos:

Por que existem pessoas de cores diferentes?

O pai: A resposta mais simples, Jaime, é que a cor das pessoas depende de onde elas ou a família delas vêm. Gente rosada vem da Europa, gente marrom vem da Índia e gente muito marrom vem da África. Ou tem papais e mamães que vieram desses lugares.

Existe uma outra resposta mais complexa que tem a ver com geografia, incidência da luz solar, vitamina A e melanina – mas eu não saberia explicá-la. O que você tem que saber é que não dá para dizer como uma pessoa é só olhando a cor da pele dela – as pessoas não escolhem a cor da sua pele, dos seus olhos ou cabelos. Às vezes, é só um problema de icterícia.

Tales, 12 anos:

Por que os meninos não usam vestido?

O pai: Eu estou achando que é melhor saber por que você me fez essa pergunta antes de responder qualquer coisa. Porque pode ser só uma simples curiosidade que ocorreu a você depois de observar uma dessas anomalias da vida; ou então você talvez esteja querendo saber se eu apoio ou reprovo uma ideia que já vem remoendo aí nessa sua cabecinha há tempo.

Eu sei que responder uma pergunta com outra pergunta não é a maneira habitual de fazer as coisas, mas, em resposta à sua pergunta: será que isso faz diferença?

Stephanie, 8 anos:

Por que eu odeio todo mundo?

O pai: Você não odeia todo mundo. Não, não... Tente se acalmar... Você não odeia... Shhhh. Tome um lenço... Tá, pode ser de papel... Pronto, passou... Está vendo? A coisa não é tão ruim quanto parecia.

Bem, a vida pode ser difícil às vezes. Você precisa encontrar o equilíbrio entre o que quer e o que as outras pessoas querem, e isso nem sempre é uma tarefa fácil. Quando as coisas não saem como você queria, é natural que se sinta chateada. Mas essa sensação não vai durar para sempre.

Tente pensar em coisas boas, em alguma coisa de que você goste... Sim, eu tenho certeza de que deve haver alguma loja de doces aqui perto. Sim, pensar em cavalos é uma boa ideia. Muito bem.

Ian

Ian – O menorzinho da turma, Ian, que parou no 1,72 m de altura, sempre parece estar usando camisas um pouco grandes demais. Com um ligeiro sotaque sulista, ele gosta de ir para o trabalho num carro nacional e jamais consideraria a hipótese de praticar squash. Ou nenhum outro esporte com raquetes, aliás. Embora tenha uma tendência à prisão de ventre, quase sempre ao comprar o próprio papel higiênico Ian prefere as marcas perfumadas.

Tiago, 6 anos:

POR QUE AS MULHERES NÃO TÊM BIGODE?

O pai: Tiago, meu rapaz, você ainda tem muito a aprender. Existem mulheres que têm bigode, sim. Embora seja mais raro encontrar alguma com barba. O jeito de os pelos crescerem no nosso corpo depende dos hormônios, que são umas substâncias químicas que a gente tem. Os homens têm hormônios que fazem com que as barbas deles cresçam, e as mulheres não.

Na verdade, isso acontece para que você possa saber com certeza quem é homem e quem é mulher. Se você está querendo me perguntar por que os homens raspam a barba, nesse caso, eu lhe digo: essa resposta eu não sei. Na minha opinião, uma barba lustrosa só acrescenta vantagens a qualquer rosto.

Samuel, 8 anos:

DE ONDE VÊM OS BEBÊS?

O pai: Outra vez? Bem, um rapazinho da sua idade já deve ter alguma ideia de como essas coisas acontecem. Os meninos mais velhos andaram lhe contando algo na pracinha? Eles contaram? Sei... e você quer que eu lhe diga se é verdade ou não.

Aposto que a tal coisa que eles disseram lhe pareceu possível mas incrivelmente absurda. Bem, pois é tudo verdade. Mas tente esquecer esse assunto por enquanto. Daqui até você ganhar seus primeiros fios de barba vai ter muito tempo para se acostumar com as maluquices da vida.

Laura, 4 anos:

POR QUE O TIO PEDRO TEM CHEIRO DE QUEIMADO?

O pai: Eu não sei quem é esse seu tio Pedro, então tudo é possível. Talvez até ele seja piromaníaco. Mas o mais provável é que seja só fumante mesmo. Fumar é uma coisa que você vai poder decidir fazer quando for grande. Uma coisa que deixa você com um ar muito maduro e descolado, mas que também mata.

Meu conselho é que você tente fazer um acordo com seus pais para eles lhe darem 500 pratas caso você não ponha um cigarro na boca até os 21 anos. Assim você fica saudável e ainda ganha um trocado. Você só tem 4 anos, eu sei, mas não custa planejar as coisas com uma boa antecedência.

Emília, 7 anos:

POR QUE NÃO EXISTEM MAIS DINOSSAUROS?

O pai: A sua pergunta tem três respostas possíveis. A primeira é que o mundo ainda está cheio de dinossauros por toda parte. Todos os dinossauros se transformaram em pássaros muito antes da época em que você nasceu; portanto, é só olhar para o céu: aí estão os seus dinossauros.

A segunda resposta possível é que eles morreram todos porque o mundo ficou quente ou frio demais.

E a terceira é que ainda existem alguns dinossauros de fato vivos até hoje, e eles vivem numa ilha perto da Costa Rica com o David (não o Dicky) Attenborough.

Carlos, 10 anos:

POR QUE ALGUMAS FAMÍLIAS TÊM MAIS FILHOS DO QUE OUTRAS?

O pai: Boa pergunta, meu jovem. A explicação é que muitas coisas afetam o número de filhos que uma família vai ter. Questões sociológicas, você entende? Fatores demográficos, padrão de renda, acesso aos serviços de saúde, aspectos culturais e religiosos...

Coisas complexas assim. A pergunta que você fez é complexa. Ou pode ser simplesmente uma questão de sorte. Veja o caso da sobrinha desse cara que trabalha comigo, o Freitas. A sobrinha dele... Ei, cadê o garoto? Onde esse moleque se meteu?

Gabriela, 4 anos:

Por que os bichos de estimação morrem?

O pai: Não são só os bichos de estimação, querida. Não, não, o que eu quero dizer é que a vida dos bichinhos de estimação é diferente. Eles passam um tempo vivendo aqui conosco, depois morrem e as suas almas vão para o céu. Isso, igual à da sua tia-avó Gertrudes.

E lá no céu os bichinhos podem brincar todos juntos e se divertir por toda a eternidade. Mas o que você acha, Gabriela? Será que eu consigo um café por aqui? Não, eu acho que no céu ninguém tem de ir para a escola.

Ana, 6 anos:

Por que as pessoas vão trabalhar?

O pai: A triste verdade, minha amiguinha, é que nem todas as pessoas vão trabalhar. Algumas pessoas querem muito trabalhar, mas não acham emprego. Há também aquelas pessoas que vão para o trabalho mas não querem ir, e ainda algumas que não trabalham e nem querem trabalhar.

O ingrediente principal nessa história toda é o dinheiro. Se você não tem dinheiro algum, vai precisar trabalhar; se você tem um monte de dinheiro, não precisa. O que é que o seu pai faz da vida, por exemplo? É astro de cinema? Sério? Qual o nome dele? Sim, eu vi esse filme. É *ele* que é o seu pai? Puxa! Bem, sabe tudo isso que eu acabei de dizer? Você não precisa saber disso.

Ricardo, 9 anos:

Por que as pessoas ficam velhas?

O pai: Você está entrando em terreno pantanoso com essa, meu caro. Um terreno que deve estar cheio de minhocas, ainda por cima. Por que as pessoas ficam velhas? Ora, porque todos os processos se corrompem, as coisas se degeneram... Eu sei lá.

O que você está querendo saber de verdade é se vai ser capaz de suportar a implacável trilha de fundo da vida, não é mesmo? O tiquetaquear do relógio, o passar das estações, as linhas que aparecerão no seu rosto, a sua própria mortalidade.

Acertei? Não, você só quer saber mesmo por que as pessoas ficam velhas. Bem, você pode ficar tranquilo, Ricardo. Quando chegar a sua vez de ficar velho eles já vão ter descoberto uma cura para isso e você vai poder viver para sempre. É... maneiro mesmo.

Alice, 3 anos:

Por que as pessoas contam mentiras?

O pai: Se você pensar bem, mocinha, vai ver que provavelmente já sabe a resposta para essa pergunta. Por que *você* conta mentiras? Tem certeza que não? Nunca? Nunca mesmo? Tudo bem, não chore. Não precisa chorar. Meu Deus do céu... Não, eu não disse que você é mentirosa... Não, não... Não estou chamando você de mentirosa, só estou contradizendo você... Não, não é a mesma coisa.

Gustavo, 11 anos:

Por que existem as guerras?

O pai: Eu não sei. Pelo visto, todas as pessoas precisam odiar outras pessoas. Se você conseguir achar a resposta para isso, volte para me contar.

Mariana, 3 anos:

Por que eu não posso ter um cachorrinho?

O pai: Talvez você possa ter um cachorrinho um dia, mas ainda não está na hora. Cachorrinhos precisam de gente que cuide deles, e você ainda não tem idade para fazer isso. Talvez daqui a alguns anos você possa. Sim, a mesma coisa vale para um coelhinho. Sim, para um porquinho-da-índia também. E para um *hamster*. E um pônei. É... também para um dinossauro.

Marcos, 9 anos:

Por que eu não posso ter um tênis igual ao dos meus amigos?

O pai: Existem alguns fatores a considerar aí. Talvez você não tenha um tênis igual ao dos seus amigos por um motivo muito simples: porque os seus pais não têm dinheiro para comprar um. Ou talvez as razões sejam mais complicadas.

Pode ser que eles até tenham dinheiro, mas que precisem usá-lo para comprar outras coisas: espetinhos de peixe, bananas, líquido para a máquina de lavar pratos. Talvez eles tenham o dinheiro mas achem que o tal tênis não é tão bonito assim, e que não ficaria bem em você. Ou pode ser que queiram mostrar que você não precisa fazer tudo o que os seus amigos fazem, nem ter tudo o que eles têm.

Mas que tênis é esse que você tanto quer, afinal? Mostre uma foto. Nossa, é maneiro mesmo! Você tem toda a razão, esse tênis é demais. E combina com você, sinceramente. Você tem mesmo que pedir para os seus pais comprarem. Será que eles fabricam no tamanho 40 também?

Janaína, 11 anos:

Por que os garotos são tão idiotas?

O pai: Eu não quero desanimar você, mas não é impossível que essa questão volte a perturbá-la ao longo da vida. Isso, "não é impossível" quer dizer que pode acontecer muitas vezes. Sim, só eu mesmo para dizer isso. Sim, provavelmente porque eu sou homem.

O que acontece, Janaína, é que mesmo demorando muito mais tempo do que leva para as meninas, no fim das contas chega um dia em que os garotos param de ser idiotas, e pode ser até que se transformem em sujeitos bem razoáveis. Não se preocupe tanto com isso. Daqui a alguns anos você vai sentir que eles não parecerão mais tão idiotas e começarão a parecer bem divertidos e até mesmo... interessantes.

Não, eu não espero que você acredite em mim. Mas é a pura verdade.

Cristiano, 10 anos:

Será que um dia eu vou gostar da minha irmã?

O pai: Vai, sim. Provavelmente vai. A verdade é que não há garantias, meu amigo. Mas pode ser que os motivos que fazem você não gostar da sua irmã agora acabem sumindo. Hoje, é possível que vocês briguem por causa das coisas que um ganha e o outro não, ou da atenção que cada um recebe em casa.

Quando você ficar mais velho vai ter sua própria vida, suas próprias coisas, e também não vai precisar mais receber tanta atenção assim. Ela fez o quê? Não... Ah, não, isso muda totalmente a situação. Sei. Eles fizeram isso? Bem, eu acho que os assistentes sociais existem para isso mesmo.

Nestor, 6 anos:

O meu pai algum dia vai conseguir jogar futebol?

O pai: Não, Nestor, ele não vai. Mas não se preocupe com isso. Porque eu tenho certeza de que o seu pai sabe fazer coisas que ninguém mais consegue. Não, eu não sei que coisas são essas. Você vai ter que descobrir sozinho.

João, 14 anos:

De onde vêm os bebês?

O pai: Não venha me enrolar com esse papo de que você ainda não sabe. A esta altura, mocinho, o senhor deveria estar mais preocupado em encontrar maneiras de impedir que algum bebê venha, seja lá de onde for. Agora suma da minha frente!

Ai...
Meu cérebro
dóóóóói...

PARTE ONZE

RECEITAS DO PAI

Receitas do pai

Historicamente, a cozinha sempre foi um território hostil para os pais. Com aquele perfume de ervas no ar e a profusão de nomes franceses como *flambé*, *fricassé* e *mayonnaise*, essa parte da casa evidentemente só poderia incorporar-se aos domínios da mãe. Mas já houve casos de alguns valentes pioneiros que desbravaram o terreno inimigo e conseguiram sair de lá com belos e deliciosos lanches. Confira a seguir um compêndio do trabalho extraordinário realizado por eles, que certamente há de render fama mundial a esses valorosos heróis.

Para trás, Jaiminho, que agora eu vou mostrar como é que se faz!

Bomba do Bruce

Ingredientes

· 1 fatia de presunto – uma sobra daquele tender assado com capa de mel é o ideal, mas na falta dele qualquer presunto cozido de boa qualidade há de servir
· 1 colher de sopa bem cheia de salada de repolho com cheddar cremoso
· 1 pepino em conserva tamanho grande
· 1 camada de mostarda com mel

Preparo

Estenda o presunto, espalhe por igual a camada de mostarda, jogue uma porção generosa da salada de repolho, use o pepino em conserva como calço e enrole em formato vagamente cilíndrico. Inspire profundamente o aroma.

Origem

Por James Bruce, no intervalo da transmissão da final do campeonato regional de 1999.

Fator preguiça

nota 6 (em 10)

Ovo Surpresa

Ingredientes

· 1 ovo à milanesa de botequim tamanho grande, para viagem (ovos coloridos não servem)
· 1 pote de taramasalata pronta

Preparo

Remova os dois ovos à milanesa da embalagem (coma um durante o preparo). Remova a tampa do pote. Corte cuidadosamente o ovo restante ao meio. Pegue a faca maior e mais plana que você encontrar na gaveta e use-a para acomodar a maior quantidade possível de taramasalata por centímetro quadrado de ovo. Repita a operação com a outra metade.

Origem

Este típico exemplo de lanche *fusion* é uma junção afortunada de tradição de botequim com inovação. A receita surgiu no verão de 1985, no auge da moda da comida grega, e foi descoberta acidentalmente por um pai entediado de Londres.

Fator preguiça

nota 8 (em 10)

TORTA ROYALE *AU LAIT*

Ingredientes

- 1 torta de carne de porco tamanho grande (a Melton Mowbray é a melhor de todas)
- 1 pote pequeno de mostarda Dijon
- 1 litro de leite integral gelado

Preparo

Remova a embalagem da torta da gaveta da geladeira, abra e ponha a torta sobre uma tábua de pão pequena. Divida a torta em 8 pedaços iguais e deposite cuidadosamente uma porção de mostarda sobre cada um. Regue cada montinho com um pouco de leite. Ah, *sensationnel!*

Origem

Pelo craque Franck Lebeouf, por volta de 1998, em algum momento das longas horas entre o fim do treino e a hora do jantar.

Fator preguiça

nota 9 (em 10)

CROCANTE DE SALMÃO

Ingredientes

- 1 lata de salmão
- 1 saco de batata palha
- 1 lata de tomates sem pele picados

Preparo

Abra as latas e incorpore pedaços de salmão aos tomates. Modele em formato de salmão e deposite em uma assadeira. Despeje a batata palha sobre o "peixe". Leve ao forno preaquecido a sei lá quantos graus. Deixe lá dentro até dourar. Sirva orgulhosamente para a família.

Origem

Por Ian Barham, durante a licença-maternidade da esposa, 1989. Tendo acabado de ganhar o primeiro filho, Ian não conseguia dormir uma noite inteira havia três semanas.

Fator preguiça

nota 3 (em 10)

A Torre do Poder

Ingredientes

- 1 pedaço mínimo de pão integral
- 1 pote de pasta de amendoim

Preparo

Usando toda a sua corpulência de pai plenamente maduro, impeça que a família bisbilhote o preparo desta receita clandestina. Cuidadosamente, corte um pedaço não maior do que 2 centímetros quadrados do pão INTEGRAL – o integral garante melhor aderência – e em seguida, com uma colher de chá, modele a torre de pasta de amendoim sobre ele. Leve diretamente à boca aberta, mastigue uma vez e engula.

Origem

Por Graham Samuel, em 1971, durante um experimento em que pretendia ingerir o máximo de calorias no mais curto período de tempo possível.

Fator preguiça

nota 9 (em 10)

Guacamole Muy Macho

Ingredientes

- 1 vidro de guacamole comprado pronto

Preparo

Estenda os dedos médio e indicador em forma de pistola. Remova a tampa do vidro (com a outra mão) e mergulhe a "pistola" no conteúdo. Descreva rapidamente um círculo com os dedos, até que o guacamole alcance a segunda articulação do dedo indicador. Retire a "arma", dobre-a em formato de colher e insira na boca.

Origem

Meia-noite e meia em Tijuana, Pepe Ramirez volta do baile de salsa com sua mamacita e descobre que só há na geladeira um vidro solitário de guacamole levemente passado. "Andale, que minha barriga está roncando!"

Fator preguiça

nota 10 (em 10)

Banana Splat

Ingredientes

· 2 bananas grandes
· 1 tubo de chantili instantâneo
· 1 pote de flã
· 1 barra de chocolate grande
· 1 saco de granulado
· 1 cereja ao maraschino

Preparo

Corte as duas bananas em fatias grossas e coloque numa tigela. Abra a embalagem do flã e despeje-o na tigela. Despedace o chocolate e despeje na tigela. Cubra com uma pirâmide de chantili e salpique generosamente o granulado. Decore com a cereja. Mande tudo para dentro com uma colher de sobremesa.

Origem

Numa tarde de domingo, na "hora do doce", por Sammy Barker, advogado e pai de três filhos.

Fator preguiça

nota 4 (em 10)

Bye, Bye Tristeza

Ingredientes

· 2 fatias de pão branco
· 2 ovos crus
· 4 pedaços de bacon fatiado cru
· 1 porção de molho Teriyaki
· 1 sanduicheira elétrica em bom estado

Preparo

Ajeite a primeira fatia de pão na sanduicheira, quebre os dois ovos. Use uma faca grande para conter eventuais deslizamentos para fora das margens do pão. Cole delicadamente as fatias de bacon na mistura de ovo em listras paralelas, despeje o molho entre uma listra e outra, cubra com a segunda fatia de pão. Feche a tampa da sanduicheira e ligue. Deixe cozinhar até estar comestível.

Origem

Uma manhã de sábado de ressaca foi a inspiração para Breville May Care criar esta receita surpreendente de desjejum.

Fator preguiça

nota 5 (em 10)

Epílogo

Pois bem, é isso. *O Livro do Pai*. Com todos os porquês, os senões, os comos e os quandos. Tudo sobre o cara, o manda-chuva. O papai.

E o que nós aprendemos com este livro? Bem, aprendemos que a vida do pai é uma jornada daquelas, uma volta na montanha-russa mais radical, uma pedra atirada ao vento, uma flecha disparada na direção do sol. É, parece mesmo que ser pai é embarcar num mundo de aventuras.

Mas não nos esqueçamos também de que é uma missão espiritual – trata-se de criar a vida, reafirmar a vida, questionar a vida. Uma missão que engrandece homens comuns e transforma grandes homens em seres sobre-humanos. Uma missão que fará você chorar, assoviar, suar frio, rir nervoso, berrar, gargalhar, se esgoelar... e por fim, amar. Uma missão que é o que você faz dela, e também é aquilo que ela faz de você.

Até que um dia ela termina. O rebanho se dispersa. O pastor é largado à própria sorte.

Mas não ficará só. Eles voltarão, provavelmente com mais frequência do que você imaginava possível.

Serão os passos em falso, as questões de dinheiro, os percalços do amor. Mas sempre que a porta se fecha atrás deles, alguma coisa acontece e ser pai ganha um tom inesperado de nostalgia. Com sorte, porém, haverá outro grande papel à sua espera no futuro:

Avô. O pai ao quadrado.

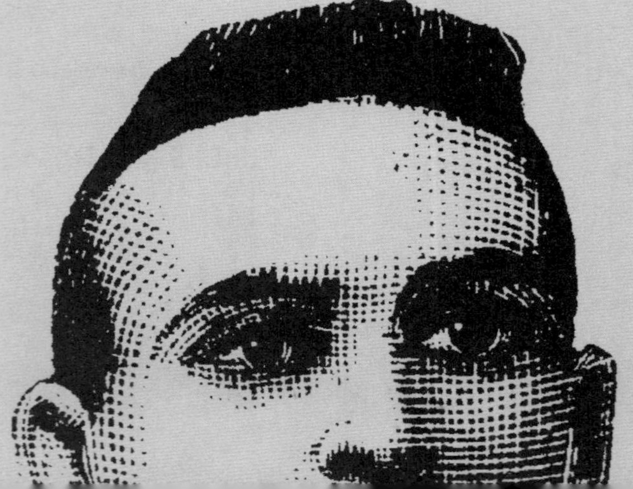